8

供电企业生产技能人员标准化作业培训教材

气体绝缘金属封闭开关设备（120-SFMT-320）检修

福建省电力有限公司　组编

输变电

中国电力出版社
CHINA ELECTRIC POWER PRESS

内 容 提 要

本册书是按照《供电企业生产技能人员标准化作业培训教材》体系的要求，结合生产实际编写而成。本册书共分为两大部分，主要从110kV气体绝缘金属封闭开关设备大修的作业描述、工作流程、工作质量标准、危险点分析等方面予以详细阐述，结合配备气动机构110kV气体绝缘金属封闭开关设备大修的实际作业案例进行分析，并附实际作业案例相关的标准化文本及常用文件。

本册书作者都是长期从事电力生产一线的员工，有较为丰富的现场实际经验，所列举的案例也是实际生产过程中所发生的，具有较强的生产现场指导意义。本册书可作为变电检修工作人员的培训教学用书，也可作为电力职业院校教学参考用书。

图书在版编目（CIP）数据

供电企业生产技能人员标准化作业培训教材．输变电/福建省电力有限公司组编．—北京：中国电力出版社，2012.12

ISBN 978-7-5123-3810-4

Ⅰ．①供…　Ⅱ．①福…　Ⅲ．①供电－工业企业管理－标准化管理－中国－技术培训－教材　②输电－电力系统－技术培训－教材　③变电所－电力系统－技术培训－教材　Ⅳ．①F426.61

中国版本图书馆CIP数据核字（2012）第287838号

中国电力出版社出版、发行

（北京市东城区北京站西街19号　100005　http://www.cepp.sgcc.com.cn）

北京九天众诚印刷有限公司印刷

各地新华书店经售

*

2013年1月第一版　　2013年1月北京第一次印刷

787毫米×1092毫米　16开本　84印张　1766千字

全册定价 **232.00** 元

陈艺鑫　陈日坤　陈祥舒　陈朝晖　陈德兴

林　衡　林一泓　林志敏　林志强　林轶群

林海渊　欧世尧　欧永连　罗　松　罗　毅

金建宁　郑哲人　郑雄俊　郑黎斐　赵道阳

施　纬　施广宇　洪西卿　钱志立　翁晓锋

涂恩来　黄　亮　黄国敏　董　磊　傅智为

潘晨曦

前言

preface

为了更好地服务“五大”体系建设，提升生产技能人员良好的“职业化”行为习惯，建立与现场标准化作业生产环境一致的培训课程体系，福建省电力有限公司以现场标准化作业指导书为蓝本，组织开展生产技能标准化作业培训教材的编写工作。为确保教材的编写质量和进度，由总工程师李功新主抓此项工作，多次召集工作协调会，定期听取编写进度汇报；人力资源部负责教材编写的组织工作，运维检修部、科技信通部和调度控制中心负责教材编写的具体工作，福建省电力有限公司和基层单位技术专家组成教材编写与审定小组，公司培训中心负责教材编写框架和编写规范的制订、编写进度跟踪及其他协调工作。

本套教材集中了福建省电力有限公司众多专家学者的智慧，采用了全新的组织架构，突出了基于现场标准化作业的培训特色。本套教材分为配电专业、输变电专业和二次专业三本书，包括91项现场标准化作业项目（子分册），具有很强的针对性和实用性。各项目（子分册）分为两部分：第一部分介绍了各项目的工作流程、工作质量标准与控制、危险点分析与预控、管理与记录要求、作业案例等；第二部分罗列了标准化作业指导书等标准化作业文本，并结合第一部分的作业案例说明了标准化文本的填写规范。部分项目（子分册）还在附录部分对设备等内容进行了说明。

其中，配电专业分为架空线路、配电设备、计量装置及其他设备，由福建省电力有限公司运维检修部高级工程师姚亮担任编写组长，福州电业局、厦门电业局、莆田电业局、泉州电业局、漳州电业局、龙岩电业局、三明电业局、南平电业局、宁德电业局、福清电力公司、石狮电力公司、晋江电力公司、南安电力公司、长乐电力公司等单位的专家参与编写工作。输变电专业分为开关类、线圈类和架空线路及电缆，由福建省电力有限公司运维检修部高级工程师林平担任编写组长，福建省电力科学研究院、检修分公司、福州电业局、厦门电业局、莆田电业局、泉州电业局、漳州电业局、龙岩电业局、三明电业局等单位的专家参与编写工作。二次专业分为继电保护、综合自动化、直流系统和电力通信，由福建省电力有限公司调度控制中心高级工程师宋福海、科技信通部高级工程师连纪文担任编写组长，福建省电力科学研究院、检修分公司、信息通信分公司、福州电业局、厦门电业局、莆田电业局、泉州电业局、龙岩电业局、三明电业局、南平电业局等单位的专家参与编写工作。

本册由福建省电力科学研究院林一泓担任编写组长，厦门电业局黄亮等编写；福建省电力有限公司运维检修部林平主审，福建省电力科学研究院傅智为、福建省电力检修公司赵道阳、福州电业局李积捷、翁晓锋、三明电业局郑黎斐、吴辉煌、李勇明、泉州电业局庄严、莆田电业局张绍明、龙岩电业局邱振敏、施纬等参审。

本教材在编写、审定过程中得到了福建省电力有限公司有关单位领导和专家的大力支持和帮助，在此一并感谢。同时，也感谢中国电力出版社的大力支持。

由于编者能力所限及编写时间仓促，难免存在疏漏之处，恳请各位专家和读者提出宝贵意见。

目录

contents

第一部分

标准化作业培训

1 作业描述

根据110kV气体绝缘金属封闭开关设备（120-SFMT-320）大修标准化作业指导书的内容，介绍该设备的检修工作流程和质量标准要求。通过对流程介绍和列表说明，了解110kV气体绝缘金属封闭开关设备大修工作中的危险点、预控措施及管理、质量要求，掌握110kV气体绝缘金属封闭开关设备大修的技能。

2 工作流程

110kV气体绝缘金属封闭开关设备（120-SFMT-320）大修工作流程如图1-1所示。

3 工作质量标准与控制

3.1 引用标准

GB 1984—2003　《交流高压断路器》
GB 7674—1997　《72.5kV及以上气体绝缘金属封闭开关设备》
GB 5832.1—1986　《气体中微量水分的测定　第1部分：电解法》
GB/T 5832.2—2008　《气体中微量水平的测定　第2部分：露点法》
GB 8905—1988　《六氟化硫电气设备中气体管理和检测导则》
GB/T 11022—1999　《高压开关设备通用条件》
GB/T 12022—2006　《工业六氟化硫》
GB 11023—1989　《高压开关设备六氟化硫气体密闭试验方法》
DL/T 603—2006　《气体绝缘金属封闭开关设备运行及维护规程》
DL/T 506—2007　《六氟化硫气体绝缘设备中水份含量现场测试方法》
DL/T 555—2004　《气体绝缘金属封闭电气现场耐压试验导则》
DL/T 639—1997　《六氟化硫气体设备运行、试验及检修人员安全防护细则》
Q/GDW 168—2008　《输变电设备状态检修试验规程》
Q/GDW 447—2010　《气体绝缘金属封闭开关设备状态检修导则》

3.2 质量控制

3.2.1 环境的要求

3.2.1.1 GIS大修对环境的温湿度、清洁度的具体要求

（1）大气条件：天气晴，温度为5℃以上，湿度＜75%。

（2）现场应根据GIS的安装位置及周围环境情况，考虑采取防雨、防尘保护措施，现场应保证施工所需的洁净度。

（3）有充足的施工电源及照明措施。

3.2.2 工作质量要求

（1）整体大修后做新设备的80%1min工频耐压考核。

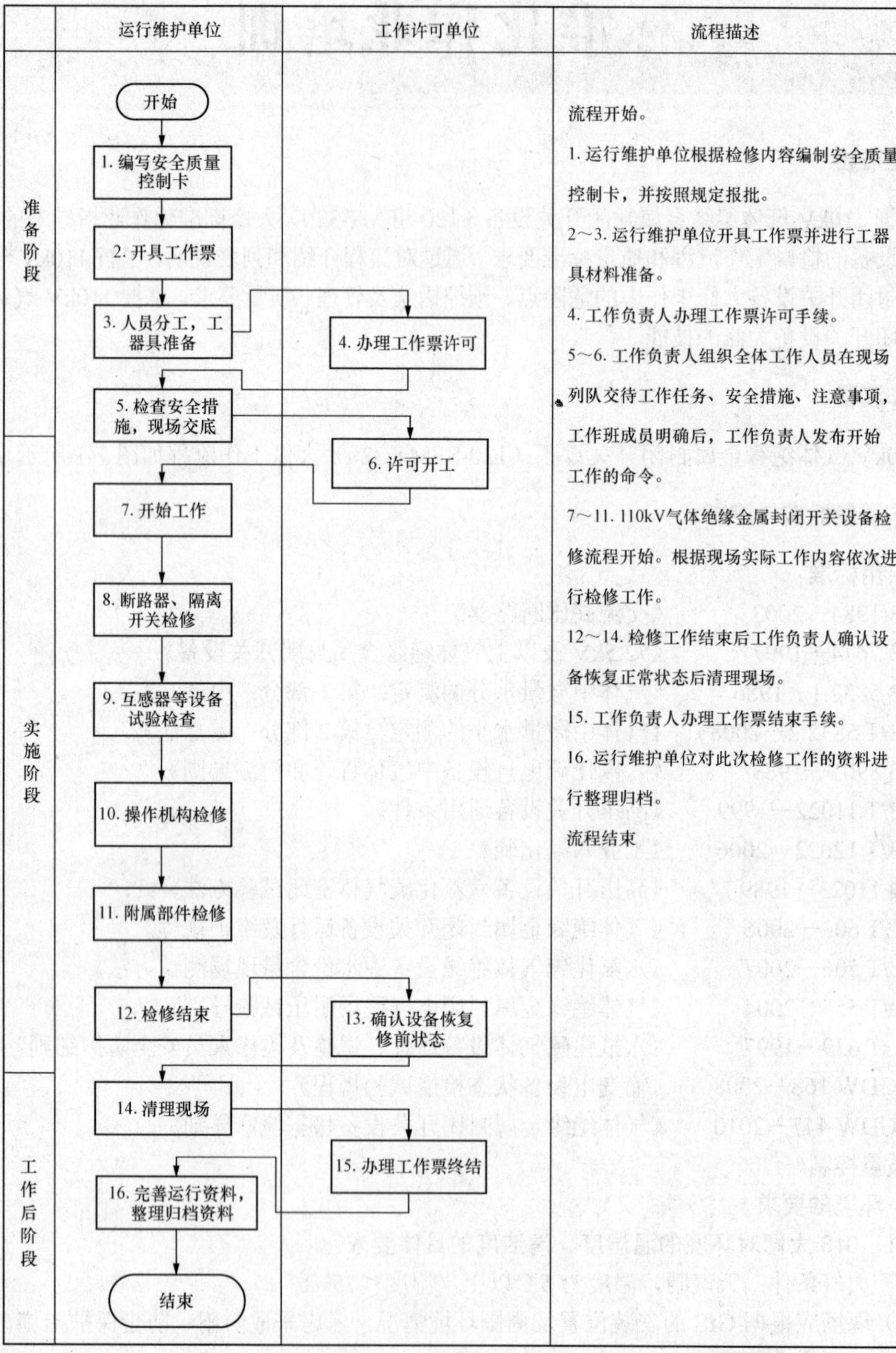

图 1-1　110kV 气体绝缘金属封闭开关设备（120-SFMT-320）大修工作流程图

（2）GIS 各项技术要求达到出厂时的制造要求。

（3）做好相关检修过程及检查结果记录。

3.3 工作内容与标准

3.3.1 GIS 本体的外观检查

（1）本体紧固螺栓是否松动或锈蚀。

（2）接地线连接牢靠，表面是否存在腐蚀或锈蚀。

（3）进、出线套管表面是否存在裂纹，表面无脱釉、无残缺、无裂纹，釉面清洁、光滑，两端法兰结合良好、无脱胶。

（4）SF_6 密度继电器、压力开关、指示器、指示灯等元器件工作是否正常。

（5）罐体表面完整，漆面是否有脱落，绝缘盆子外观无裂纹、色变。

3.3.2 断路器所配操动机构检查

（1）液压机构。

1）检查液压油油质、油位。

2）检查分闸导向阀与合闸导向阀。

3）检查电动机工作是否正常，储能时间是否合格。

4）检查液压系统渗漏情况。

5）液压机构的压力参数检测。

6）液压机构储压筒外观及预压力检查——采用氮气储压筒。

7）液压机构压缩弹簧外观检查——采用压缩弹簧。

8）油泵及液压系统排气。

9）防跳试验、非全相试验、慢分、慢合试验。

10）辅助回路和控制回路的绝缘电阻、交流耐压测试。

11）机构内端子排、元器件接线端子紧固情况检查。

12）检查机构内加热器、通风口和门框密封条，并对机构进行清扫。

（2）弹簧操动机构。

1）检查电动机工作是否正常，机构储能信号检查，储能时间是否合格。

2）分、合闸弹簧的外观检查。

3）连杆、挚子磨损情况检查。

4）检查缓冲器是否有漏油现象，检查缓冲器拉杆是否有拉伤，检查缓冲器缸体，更换密封圈及缓冲器油，缓冲器行程测量。

5）就地防跳，手动/电动分、合闸试操作检查。

6）辅助回路和控制回路的绝缘电阻、交流耐压测试。

7）机构内端子排、元器件接线端子紧固情况检查。

8）检查机构内加热器、通风口和门框密封条，并对机构进行清扫。

9）机构内固定螺栓、卡簧检查。

（3）气动操动机构。

1）检查空气管道、管道接头及阀门。

2）检查空气压力开关动作值。

3）检查空气压缩机是否正常工作，机油油色、油位符合要求。

4）检查空压机传动系统工作情况。

5）对操动机构各连接部位进行清理、润滑。

6）检查固定行程螺母和挡圈。

7）辅助回路和控制回路的绝缘电阻、交流耐压测试。

8）机构内端子排、元器件接线端子紧固情况检查。

9）检查缓冲器是否有渗漏油现象，检查缓冲器拉杆是否有拉伤，检查缓冲器缸体，更换密封圈及缓冲器油，缓冲器行程测量。

10）就地防跳，手动/电动分、合闸试操作检查。

11）检查机构内加热器、通风口和门框密封条，并对机构进行清扫。

3.3.3 隔离开关、接地开关所配操动机构检查

（1）弹簧操动机构。

1）检查电动机工作情况检查。

2）检查分、合闸弹簧外观情况。

3）针对操动机构各传动零部件进行润滑及检查。

4）检查固定行程螺母和挡圈。

5）检查合闸过程工作情况。

6）检查分闸过程工作情况。

7）检查分、合闸位置到位情况。

（2）手动机构。

1）针对操动机构各传动零部件进行润滑及检查。

2）检查固定行程螺母和挡圈。

3）检查闭锁线圈、挡板工作情况。

4）检查分、合闸操作情况。

5）检查分、合闸位置指示情况。

3.3.4 就地控制柜检查

（1）检查控制柜内二次元件工作情况。

（2）检查控制柜内端子排紧固情况。

（3）检查控制柜内外部螺栓紧固情况。

（4）控制柜加热器、通风口和门框密封条检查及柜体清扫。

3.3.5 断路器本体检修

（1）检修前，将设备置于分闸位置，释放机构能量，切断各回路电源，按要求回收气室中的 SF_6 气体。

（2）按照操作步骤拆卸零部件及更换吸附剂。

（3）按照检修项目对设备进行检查、清理、更换受损零部件。

（4）对气室进行抽真空、充氮干燥、充 SF_6 气体，并对气室进行检漏。

（5）检修后的断路器应进行断路器机械特性试验、最低操作电压试验。

3.3.6 隔离开关本体检修

（1）检修前，将设备置于分闸位置，释放机构能量，切断各回路电源，按要求回收气室中的 SF_6 气体。

（2）按照操作步骤拆卸零部件及更换吸附剂。

（3）按照检修项目对设备进行检查、清理、更换受损零部件。

（4）对气室进行抽真空、充氮干燥、充 SF_6 气体，并对气室进行检漏。

（5）对隔离开关进行分、合闸时间、三相同期试验。

3.3.7　接地开关、故障关合接地开关本体检修

（1）检修前，将设备置于分闸位置，释放机构能量，切断各回路电源，按要求回收气室中的 SF_6 气体。

（2）拆除操动机构、连接机构。

（3）按照操作步骤拆卸零部件及更换吸附剂。

（4）按照检修项目对设备进行检查、清理、更换受损零部件。

（5）安装连接机构、操动机构，并恢复二次接线。

（6）对气室进行抽真空、充氮干燥、充 SF_6 气体，并对气室进行检漏。

（7）对故障关合接地开关进行分合闸时间、三相同期试验。

3.3.8　电流互感器检查

（1）检查电流互感器的线圈外观有无异常现象。

（2）测试其特性和精度。

3.3.9　母线检查

（1）检修前，按要求回收气室中的 SF_6 气体。

（2）检查盆式绝缘子、支柱绝缘子外观情况。

（3）检查导体镀银面。

（4）母线连接触指、连接螺栓检查。

（5）清洁导体、盆子的表面及壳体内表面。

（6）更换密封圈及吸附剂。

（7）对气室进行抽真空、充氮干燥、充 SF_6 气体，并对气室进行检漏。

3.3.10　电压互感器检查

（1）检查电压互感器外接端子紧固情况。

（2）检查互感器防爆膜是否破裂。

（3）检查电压互感器变比是否正确。

3.3.11　避雷器检查

（1）泄漏电流测量，避雷器的阻性电流不大于 250μA。

（2）计数器的动作和电流情况。

（3）检查避雷器内部阀片、绝缘件。

（4）检查螺栓、螺母是否有松动。

3.3.12　SF_6 气体系统检查

（1）对充放气阀门及接头连接处进行泄漏检查、处理。

（2）处理后的所有阀门，必须保证处在正确的常开、常闭位置。

（3）检查、校验各气室的 SF_6 密度继电器、压力开关的整定值。

（4）检查管路完好，无破损、变形。

（5）解体检查前，检测停电间隔所有气室的 SF_6 气体含水量，并做好相应记录。对 SF_6 气体含水量超标气室，都应进行气体处理并更换气室吸附剂。

4 安全风险分析与预控

危险点：保证安全的技术措施考虑不周造成事故

事故案例

12月2日，××变电公司检修人员在进行500kV ××变电站220kV Ⅲ－Ⅳ母母联25M1隔离开关气室漏气缺陷处理过程中，发生220kV Ⅲ母母差保护动作。12月2日上午，工作负责人陈××办理××变电站220kV Ⅲ－Ⅳ母母联25M1隔离开关气室漏气处理电气一种工作票。14:30，工作负责人陈××召开班前会进行工作分工、交待安全措施、对邻近带电部位等危险点进行告知，准备工具、材料等工作。14:40，厂家技术人员对隔离开关气室进行气体回收。14:58，监控后台报25M1隔离开关气室气压低报警（报警值为0.35MPa），运行人员认为是25M1隔离开关气室检修过程正常发生的告警信号，未引起足够重视。15:20，当气室压力降至0.08MPa后，厂家技术人员进行漏气点的氩弧焊接处理，历时约1.5小时。16:50，完成该漏气点的氩弧焊接处理后，工作负责人向班长汇报工作进度，并与厂家技术人员及班长确认下一步为气室进行抽真空工作，然后补气，某厂家的技术人员未提出反对意见，表示第二天再行补气。随后，厂家开始指导抽真空工作，17:24，接入气管开始抽真空。当气室气压抽至－0.02MPa时，220kV第一套BP-2B母差保护和220kV第二套BP-2B母差保护Ⅲ母母差动作（Ⅲ母母差V相差流6.5A，间隔V相故障电流13A，电流互感器TA变比为3000/1A），跳开Ⅰ－Ⅲ母母分、××Ⅰ路、××Ⅲ路及××Ⅰ路断路器。

防范措施

（1）加强作业过程中危险点分析及工序质量控制要求，GIS设备作业前应加强现场勘察与实物核对，并对勘察的情况记录，针对大型的检修工作应编制相应的三措预案。

（2）编写工作票，应对工作的安全性、工作票上所列的安全措施是否正确完备、是否符合现场实际进行严格审查把关，保证现场工作安全的技术措施符合实际工作要求。

（3）编制的施工作业方案应按照方案管理办法，进行多级审核把关。

（4）加强对设备的培训，GIS设备特别应针对内部结构布置、技术参数要求进行相关培训。

5 管理与记录要求

（1）在现场施工之前，必须在电力生产门户（GPMS）系统内开具变电站电气第一种工作票及安全质量控制卡，并在工作现场充分发挥工作票及安全质量控制卡的工作指导作用。

（2）在现场工作开始前，工作负责人及工作班成员应对即将进行的工作任务、停电范围及安全措施了解清楚，方可参与工作。

（3）工作人员到达工作现场后，在工作前工作负责人应根据工作票仔细核对现场安措布置情况，并对工作班成员进行安全交底。

（4）当工作结束后，工作班应清扫、整理现场。工作负责人应周密地检查，待全体人员撤离工作地点后，再向运行人员交待所修项目、发现的问题、试验结果和存在的问题等，并与运行人员共同检查设备状况、状态，有无遗留物件，有无清洁等。

（5）检修记录、缺陷流程运转、报表编写上传、完成时限录入到GPMS系统中，办理工作终结手续。并完成设备作业后状态评价。

（6）工作票交底现场录音上传录音系统。

（7）工作票、安全质量控制卡、报表等资料归档。

（8）编制大修总结报告并归档。

6 作业案例

110kV××变电站 10kV××线 103、100 单元 GIS 设备大修。现场接线如图 1-2 所示。

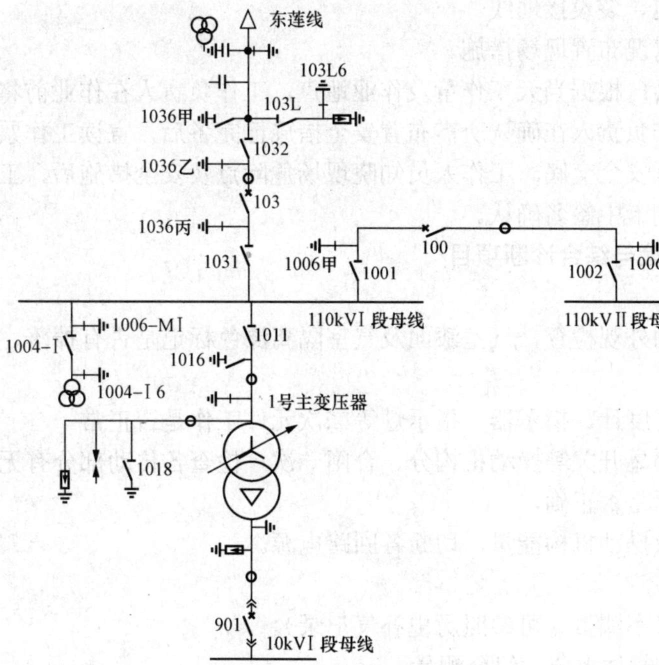

图 1-2 变电站接线图

6.1 作业前准备

6.1.1 现场勘察

工作前，工作负责人组织有关人员对作业现场的环境、条件、危险点进行勘察，应查看接受的任务是否与现场相符，了解作业现场的条件、环境，初步确定作业方式，并开具现场勘察单。

6.1.2 技术准备工作

检修前应准备好需检修设备的资料，如产品手册、电气原理图等；熟悉设备资料，明确有关技术要求及质量标准。

对设备的安装情况、运行情况、故障情况、缺陷情况等方面进行详细、全面、认真地调查、分析，以判定设备的综合运行工况，为制定具体检修方案打好基础。

通过对检修前设备的综合状态评价结果，制定出设备具体的检修方案。检修方案应包含设备检修的具体内容及检修标准。

设备检修方案及内容确定后，应做好检修所需的备品、备件、检修专用工装、工器具等准备工作。

6.1.3 检修工器具及材料准备

（1）按照检修项目要求，准备工器具、材料以及备品备件等。

（2）做好现场安全、防火措施。

6.1.4 组织学习

根据工作任务，组织工作人员学习经审核批准的标准作业指导书，开具变电站第一种工作票及安全质量控制卡。

6.1.5 许可开工

（1）停电、验电、装设接地线。

（2）根据现场情况布置现场措施。

（3）召开班前会：根据当天工作量及作业地点，工作负责人在作业前将工作任务、人员进行合理分工。工作负责人在确认所需布置安全措施已完备后，宣读工作票，并对现场安全措施及注意事项进行安全交底。工作人员知晓现场危险点及安全措施后，工作人员逐个在工作票及安全质量控制卡中签名确认。

6.2 修前检查、试验与综合诊断项目

6.2.1 修前检查

（1）GIS 本体的外观检查，气室漆面及气室隔离漆色标记是否有掉落，盆式绝缘子外观是否有裂痕、色变。

（2）压力表、密度计、指示器、指示灯等二次元件工作是否正常。

（3）断路器、隔离开关等操动机构分、合闸一次，检查各传动部分有无卡涩现象，操动机构是否正常，指示是否正确。

（4）检查后释放操动机构能量，切断各回路电源。

6.2.2 修前试验

（1）各气室漏气率测量（可参照历史补气记录）。

（2）各气室 SF_6气体水分、组分测量。

（3）回路电阻测量。

（4）断路器机械特性测量，包含行程曲线等。

（5）隔离开关、快速接地开关同期测量。

（6）电流互感器、电压互感器伏安特性测量。

（7）局部放电测量。

（8）避雷器性能测量。

6.2.3 修前综合诊断

（1）绝缘性能。

（2）机械特性。

（3）二次元件性能。

（4）主导电回路性能。

（5）操动机构性能。

（6）SF_6气体密封性能。

（7）SF_6气体状况。

6.3 作业中质量控制

（1）检查、清洁、安装工艺要求。

（2）现场环境控制。

（3）SF_6气体回收、气室抽真空工艺控制。

（4）断路器、隔离开关、接地开关等组件解体检查、更换受损零部件。

（5）各气室内部检查、清理。

（6）绝缘件检查、清理。

（7）操作机构驱动及传动系统检查。

（8）更换到期零部件及耗材。

（9）操动机构机械部件检查，易损件更换。

（10）控制柜及机构相关二次回路检查。

（11）机械特性测试，历史试验数据比对。

（12）机械、电气联锁情况检查。

（13）组装及调试。

6.4 作业验收

（1）检修人员工作质量自验收。

（2）运维人员验收确认。

6.5 作业后工作

（1）召开班后会，总结工作情况。

（2）工器具、材料及备品备件清点后入库。

（3）根据修试内容，整理、编制大修报告，并上传至电力生产门户（GPMS）。

（4）在 GPMS 系统中对作业文件进行归档、评估。

（5）将安全交底和班前、班后会录音上传至录音系统，并做好登记。

（6）将安全质量控制卡、工作票等文件归档。

思考与练习

1．GIS 大修修前需做哪些工作？

2．为什么 GIS 中断路器与其他一次元件必须分为不同气室？

3．GIS 大修前试验项目有哪些？

第二部分 标准化作业文本

1 标准化作业指导书

110kV 气体绝缘金属封闭开关设备

（120-SFMT-320）大修标准化作业指导书

编写：______________ ____年____月____日

审核：______________ ____年____月____日

批准：______________ ____年____月____日

工作负责人：

作业日期：　　年　　月　　日　　时至　　年　　月　　日　　时

××××公司

1 范围

本指导书适用于 110kV 气体绝缘金属封闭开关设备（120-SFMT-320）大修作业。

2 引用文件

GB 1984—2003 《交流高压断路器》
GB 7674—1997 《72.5kV 及以上气体绝缘金属封闭开关设备》
GB 5832.1—1986 《气体中微量水分的测定 第 1 部分：电解法》
GB/T 5832.2—2008 《气体中微量水分的测定 第 2 部分：露点法》
GB 8905—1988 《六氟化硫电气设备中气体管理和检测导则》
GB/T 11022—1999 《高压开关设备通用条件》
GB/T 12022—2006 《工业六氟化硫》
GB 11023—1989 《高压开关设备六氟化硫气体密闭试验方法》
DL/T 603—2006 《气体绝缘金属封闭开关设备运行及维护规程》
DL/T 506—2007 《六氟化硫气体绝缘设备中水份含量现场测试方法》
DL/T 555—2004 《气体绝缘金属封闭电气现场耐压试验导则》
DL/T 639—1997 《六氟化硫气体设备运行、试验及检修人员安全防护细则》
Q/GDW 168—2008 《输变电设备状态检修试验规程》
Q/GDW 447—2010 《气体绝缘金属封闭开关设备状态检修导则》
Q/FJG 10093—2008 《福建省电力有限公司输变电设备状态检修试验规程实施细则》

3 修前准备

3.1 准备工作安排

√	序号	内容	标准	责任人	备注
	1	开工前 10 天，向有关部门上报本次工作的材料计划	根据摸底时设备状况及需执行的反措计划		
	2	在工作前 7 天提交相关停役申请			
	3	开工前 3 天，准备好施工所需仪器仪表、工器具、相关材料、相关图纸及相关技术资料	仪器仪表、工器具应试验合格，满足本次施工的要求，材料应齐全，图纸及资料应符合现场实际情况		
	4	开工前检查工器具，并确定现场工器具摆放位置	现场工器具摆放位置参考定置图，确保现场施工安全、可靠		
	5	根据本次作业内容和性质确定好检修人员，并组织学习本指导书	要求所有工作人员都明确本次工作的作业内容、进度要求、作业标准及安全注意事项		
	6	填写第一种工作票，在开工前一天交值班员	工作票应填写正确，并按《电业安全工作规程》执行		

3.2 人员要求

√	序号	内容	责任人	备注
	1	现场工作人员的身体状况、精神状态良好		

表（续）

√	序号	内容	责任人	备注
	2	作业辅助人员（外来）必须经负责施教的人员，对其进行安全措施、作业范围、安全注意事项等方面施教后方可参加工作		
	3	特殊工种（吊车司机、电焊工、架子工）必须持有效证件上岗		
	4	所有作业人员必须具备必要的电气知识，基本掌握本专业作业技能及《电业安全工作规程》的相关知识，并经《国家电网公司电力安全工作规程（变电部分）》考试合格		
	5	作业负责人必须是经局批准的		

3.3 备品备件

√	序号	名称	规格	单位	数量	备注
	1	断路器绝缘拉杆	5KA.743.115		3	断路器检修备件
	2	支柱绝缘子	母线专用		3	断路器检修备件
	3	静弧触头	5KA.551.526		3	断路器检修备件
	4	静触头座	8KA.510.330		3	断路器检修备件
	5	静主触头	8KA.596.017		3	断路器检修备件
	6	动主触头	8KA.596.016		3	断路器检修备件
	7	喷口	8KA.742.201		3	断路器检修备件
	8	动弧触头	8KA.551.521		3	断路器检修备件
	9	活塞杆	8KA.450.308		3	断路器检修备件
	10	气缸座	8KA.456.094.1		3	断路器检修备件
	11	接头	8KA.233.199		3	断路器检修备件
	12	销子	8KA.934.086		6	断路器检修备件
	13	轴用弹性挡圈 30	GB894		12	断路器检修备件
	14	销子	8KA.934.085		3	断路器检修备件
	15	等电位片	8KA.128.259		2	断路器检修备件
	16	螺栓 M8×12	GB30		2	断路器检修备件
	17	垫片	8KA.950.730		3	断路器检修备件
	18	柱销	8KA.934.082		6	断路器检修备件
	19	轴用弹性挡圈 20	GB894		18	断路器检修备件
	20	销子	8KA.934.083		6	断路器检修备件
	21	销子	8KA.984.084		3	断路器检修备件
	22	轴用弹性挡圈 10	GB894		6	断路器检修备件
	23	轴销	8KA.206.694		3	断路器检修备件
	24	缓冲器	5KA.287.031		1	断路器检修备件
	25	隔离开关动触头	8KA.596.020		3	隔离开关、接地开关检修备件

表（续）

√	序号	名 称	规 格	单位	数量	备 注
	26	夹叉	8KA.257.134		3	隔离开关、接地开关检修备件
	27	不锈钢垫圈	8KA.950.763		3	隔离开关、接地开关检修备件
	28	接地开关动触头	8KA.510.337.1		2	隔离开关、接地开关检修备件
	29	接地开关动触头	8KA.510.337.2		1	隔离开关、接地开关检修备件
	30	销	8KA.934.109		3	隔离开关、接地开关检修备件
	31	轴用弹性挡圈	13 GB 894		6	隔离开关、接地开关检修备件
	32	梅花触头装配	5KA.552.048.1		3	隔离开关、接地开关检修备件
	33	屏蔽罩	8KA.307.445.2		3	隔离开关、接地开关检修备件
	34	O 形圈	40×3.55		1	隔离开关、接地开关检修备件
	35	活塞环	8KA.459.033		1	隔离开关、接地开关检修备件
	36	电磁阀	5KA.452.033		1	隔离开关、接地开关检修备件
	37	密封垫	8KA.153.134		1	隔离开关、接地开关检修备件
	38	线圈	5KA.520.428.2		1	隔离开关、接地开关检修备件
	39	轴用弹性挡圈	45 GB 894		4	隔离开关、接地开关检修备件
	40	平头铆钉	2×5 GB 109		4	隔离开关、接地开关检修备件
	41	开口销	8KA.993.292		2	隔离开关、接地开关检修备件
	42	轴用弹性挡圈	10 GB 894		4	隔离开关、接地开关检修备件
	43	开口销	15×32 GB 91		4	隔离开关、接地开关检修备件
	44	保持掣子	8KA.287.078		1	断路器机构检修备件
	45	滚子	8KA.221.118		1	断路器机构检修备件
	46	轴承	K8X11X10T2		1	断路器机构检修备件
	47	圆柱销	8KA.934.233		1	断路器机构检修备件
	48	弹性圆柱销	3×14 GB 879		2	断路器机构检修备件

表（续）

√	序号	名 称	规 格	单位	数量	备 注
	49	触发器	8KA.557.163		1	断路器机构检修备件
	50	轴承	HK1312		1	断路器机构检修备件
	51	弹簧	8KA.281.652		1	断路器机构检修备件
	52	圆柱销	8KA.934.096		2	断路器机构检修备件
	53	开口销	3×25 GB91		4	断路器机构检修备件
	54	圆柱销	8KA.934.234		1	断路器机构检修备件
	55	轴用C型挡圈	13 JIS B2804		2	断路器机构检修备件
	56	控制阀	5KA.455.143		1	断路器机构检修备件
	57	SF_6气体			500kg	O形圈、辅消材料
	58	O形圈	22×2.4		20	O形圈、辅消材料
	59	O形圈	38×3.5		10	O形圈、辅消材料
	60	O形圈	80×5.7		10	O形圈、辅消材料
	61	O形圈	125×5.7		21	O形圈、辅消材料
	62	O形圈	185×8.4		20	O形圈、辅消材料
	63	O形圈	215×8.4		10	O形圈、辅消材料
	64	O形圈	295×8.4		6	O形圈、辅消材料
	65	O形圈	532.5×6		30	O形圈、辅消材料
	66	O形圈	600×10		3	O形圈、辅消材料
	67	O形圈	750×10		6	O形圈、辅消材料
	68	O形圈4	225×8.4		12	O形圈、辅消材料
	69	O形圈	175×5.7		3	O形圈、辅消材料
	70	O形圈	145×5.7		3	O形圈、辅消材料
	71	O形圈	255×8.4		3	O形圈、辅消材料
	72	O形圈	650×10		4	O形圈、辅消材料
	73	O形圈	160×5.7		2	O形圈、辅消材料
	74	O形圈	90×5.7		3	O形圈、辅消材料
	75	O形圈	250×5.7		3	O形圈、辅消材料
	76	KDHF-03分子筛			40kg	O形圈、辅消材料
	77	BVR电线	·		600m	O形圈、辅消材料
	78	预绝缘端子	H1.5/14		200	O形圈、辅消材料
	79	空气逆止阀			1	O形圈、辅消材料
	80	空气截止阀			1	O形圈、辅消材料
	81	三通接头	A22		4	O形圈、辅消材料
	82	直通接头	A22		10	O形圈、辅消材料
	83	直通接头	B22（ZG3/4）		4	O形圈、辅消材料

表（续）

√	序号	名 称	规 格	单位	数量	备 注
	84	直角接头	A22		4	O 形圈、辅消材料
	85	直角接头	B22		2	O 形圈、辅消材料
	86	铜管	22×1.5		24m	O 形圈、辅消材料

3.4 工器具

√	序号	名 称	规 格	单位	数量	备 注
	1	静弧触头拆装工具	专用工具	套	1	
	2	动弧触头拆装工具	专用工具	套	1	
	3	喷口拆装工具	专用工具	套	1	
	4	快速接地开关静触头拆装工具	专用工具	套	1	
	5	自力型触头拆装工具	专用工具	套	2	
	6	连接片	专用工具	套	2	
	7	手动千斤顶	专用工具	套	2	
	8	Y 型扳手	专用工具	套	2	
	9	开胶工装	专用工具	套	2	
	10	力矩扳手	SP1200/ QL900	把	2	
	11	扳头	M10～M24	套	2	
	12	开口扳手	M6～M16	套	2	
	13	梅花扳手	M6～M16	套	2	
	14	加长杆	L=150mm	把	2	
	15	L 扳手	8 号、10 号	把	各 2	
	16	活扳手	12、15	把	各 1	
	17	吊环螺钉	M12～M24	把	各 2	
	18	涨钳	弯头/直头	把	各 1	
	19	螺丝刀	十字、一字	把	各 2	
	20	剥线钳		个	2	
	21	压线钳		个	2	
	22	千斤顶	3t、5t	套	2	
	23	尼龙吊带	2t	条	4	
	24	手动葫芦	1t	个	2	
	25	刮胶板		个	6	
	26	隔离开关调试台		台	2	
	27	虎钳		个	1	
	28	无水乙醇喷灯或热烘枪		个	1	
	29	洋冲		件	3	

表（续）

√	序号	名　称	规　格	单位	数量	备　注
	30	电吹风	1500W	台	3	
	31	SF_6回收装置		台	1	带真空泵
	32	纯度、水分测试仪		台	1	
	33	检漏仪	定量、定性	台	1	
	34	烘箱	300℃	台	1	
	35	吸尘器		台	1	
	36	电子秤	100kg	台	1	
	37	万用表		台	1	
	38	干湿度计		台	1	
	39	机械特性测试仪		台	1	
	40	回路电阻测试仪		台	1	
	41	绝缘电阻表	1000V	台	1	

3.5　材料

√	序号	名　称	规　格	单位	数量	备　注
	1	气体密封胶		支	40	
	2	防水胶		支	10	
	3	微碳润滑脂		g	100	
	4	二硫化钼润滑脂		g	100	
	5	防氧化导电脂		g	100	
	6	厌氧胶		ml	50	
	7	医用手套（乳胶手套）		对	100	
	8	一次性鞋套		对	100	
	9	一次性防化服		套	100	
	10	一次性头套		个	100	
	11	一次性防毒面具		个	100	
	12	防毒面具		套	3	
	13	无毛纸		张	200	
	14	百洁布		块	100	
	15	汽油		kg	10	
	16	无水乙醇		kg	5	
备注：						

3.6 危险点分析

√	序号	内　　容
	1	操作电动工器具、仪器时，因操作不当或使用不合格的仪器设备造成触电伤害，对二次回路通电试验时，不符合操作要求，造成一次侧高压伤人
	2	未做好安全措施，造成检修人员误入带电间隔
	3	未做好安全防护措施，有毒的 SF_6 泄漏造成伤害
	4	未按施工用电安全使用要求，造成设备损坏
	5	施工作业过程中交叉作业，造成人员伤害
	6	在 拆、吊、装、调整操作机构过程中，造成人员造成伤害
	7	在二次回路上工作时，未做好安全措施，造成误碰误接
	8	在对气室进行抽真空时，未对相邻气室降压，造成气室间绝缘盆子破裂击穿
	9	使用抽真空设备时，使用不合格设备或未进行检查，造成设备损伤

3.7 安全措施

√	序号	内　　容
	1	1．操作电动工具人员应熟悉操作规程，并严格按操作规程作业，防止触电事故；电动工器具按规定绝缘试验检测。 2．高压试验设备的外壳必须接地良好可靠，高压试验时应设好围栏、标示牌，并有专人监护。 3．对二次回路通电试验时，二次回路须与一次设备断开，严防一次侧产生高压伤人，严禁将控制二次回路短路；电流互感器二次回路严禁开路，经检查无误后方可在电流互感器一次侧进行通电试验。 4．停电或临近带电体作业，严格按规定办理作业票等手续，设专人监护，执行规程要求
	2	1．配合运行人员做好安全措施，现场应配备足够的标识牌，严禁跨越围栏，严禁工作人员擅自移动或拆除标识牌及围栏。 2．开工前，应对每位施工人员进行工作现场停电安全交底，明确现场停电检修设备与运行设备的分界点。 3．进入现场必须由工作负责人及安全员带领，严禁单独进入施工现场
	3	1．室内 SF_6 设备检修前应提前通风 15min。 2．SF_6 气体回收时，操作人员应正确穿戴 SF_6 气体防护服、乳胶手套及防护面罩等劳保用品。 3．回收 SF_6 气体应按相关的操作规程进行，不得将回收的 SF_6 气体直接排放于大气。 4．处理 SF_6 设备过后的废弃物必须统一放置保管，采用溶度为 20%氢氧化钠溶液浸泡 12h 后，统一深埋 3m 处理。 5．打开封盖后，检修人员应暂离现场 0.5h 以上；工作时应尽量站在上风口，不宜站在电缆沟等低洼地带
	4	1．现场施工用电应遵守临时用电管理规定，按安全措施布设，施工用电安装、维护，应由取得合格证的电工担任，严禁私拉乱接。 2．负荷侧的首端处必须安装漏电保护装置。 3．熔丝规格应按设备容量选用，不得用其他金属线代替，熔丝熔断后，须查明原因，排除故障后方可更换，更换好熔丝，装好保护罩后，方可送电。 4．配电箱外壳必须接地牢固；严禁将电线直接钩挂在闸刀上或直接插入插座内，不得用湿手接触电源开关；若有电焊、气割时，要做好消防安全措施，现场应准备好消防器材，并有专人在现场监护。在变电站设备区内电焊、气割，应办理动火工作票。 5. 绝缘电动工具应定期检查其绝缘性能，在潮湿场地使用电动工具前要先检查其绝缘良好方可使用，同时要使用绝缘手套穿绝缘鞋。电源盘回收电源线过程中必须先切断电源再回绕电源线
	5	1．施工中一次、二次班组交叉工作时易出现管理漏洞；应在安全管理方面设专人专职，落实安全管理制度，制定各级的安全管理考核措施；建立安全监控网络，各工作岗位设安全监护人。 2．交叉作业场所的通道应保持畅通，有危险的出入处应设围栏或悬挂警告牌。 3．不同工作班组间未协调好，就进行断路器的传动或调试，会造成工作人员人身意外伤害。 4．负责人必须落实以上各项，所有检修人员必须尽心尽责，集思广益，确保该项工作平安顺利完成

表（续）

√	序号	内　　容
	6	1．施工所选用和采购合格厂家生产的机械、工器具、材料、安全防护用具隐患，且使用前必须进行产品性能检定；避免给施工人员带来不安全的伤害。 2．涉及有高空作业时，应注意防滑，戴好安全帽，系好安全带，穿好绝缘鞋和工作服。 3．高空作业严禁乱抛、乱扔工器具及其他物件；材料，扳手等工器具应系上绳索挂好，以防高空落物。 4．吊装、搬运施工危险性大，特别是安装时重物不易固定，容易发生事故；起吊工作由专人指挥，指挥人由专业技术培训取得合格证的人员担任，必须穿规定标示服；吊装全过程应有专人监护；严格遵守《电业安全工作规程》的有关规定。 5．施工现场所用长物应放倒两人搬运，同时要有人监护；使用竹梯，在底部应绑扎橡胶皮防滑。 6．调整或检修机构时，高压气体管路未释压，弹簧能量未释放，会造成人身伤害
	7	1．加强对机具设备的维护管理，保证吊装机械、设备完好和清洁，操作前必须例行检查，吊装前应检查机械工具、夹具、吊环等是否符合要求，同时进行试吊；吊装时，钢丝绳的夹角不应大于60°。 2．吊装时必须有统一的指挥、统一的信号，事前应查看吊装现场，合理安排晃绳位置；吊装时应遵守如下规定：起吊、安装所用钢丝绳，不准触及有电线路和电焊搭接线或与坚硬物体有硬摩擦。 3．操作人员必须经考试合格，持证上岗，其他人员不能顶岗操作。 4．吊装户内设备时，严格按照设备的吊点起吊以免损坏设备，起吊区域应控制人员流动，吊点下严禁站人。 5．吊装人员应熟悉起重工（器）具的基本性能及索具的最大允许负荷，并要求所吊物件重量应小于起重工（器）具的最大允许载荷，操作人员必须经考试合格，持证上岗，其他人员不能顶岗操作
	8	1．仔细核对图纸是否符合现场实际，填写二次工作安全措施票并能够认真执行。 2．室内设备施工中要做到防尘防震，加强二次安装调试的内部协调能力，应有切实的措施防止二次污染。 3．在二次回路上使用的工器具必须采用具有绝缘柄的工具。 4．严格执行工作票制度，工作负责人始终在工作现场，施工前检查工作票上的安全措施是否齐全与遗漏，同时做好现场的施工安全监护工作
	9	1．对气室进行抽真空作业时，应仔细核对气室编号与工作内容一致。 2．抽真空前，将相邻气室 SF_6 气体压力将至其额定压力一半值。 3．若相邻气室属于运行中设备（一侧带电），应将带电气室进行停电后方可进行工作
	10	1．在进行抽真空处理时，应采用出口带有电磁阀的真空处理设备，且在使用前应检查电磁阀动作可靠，防止抽真空设备意外断电造成真空泵油倒灌进入设备内部。 2．在真空处理结束后应检查抽真空管的滤芯是否有油渍。 3．为防止真空度计水银倒灌进行设备中，禁止使用麦氏真空计

4　检修作业流程图

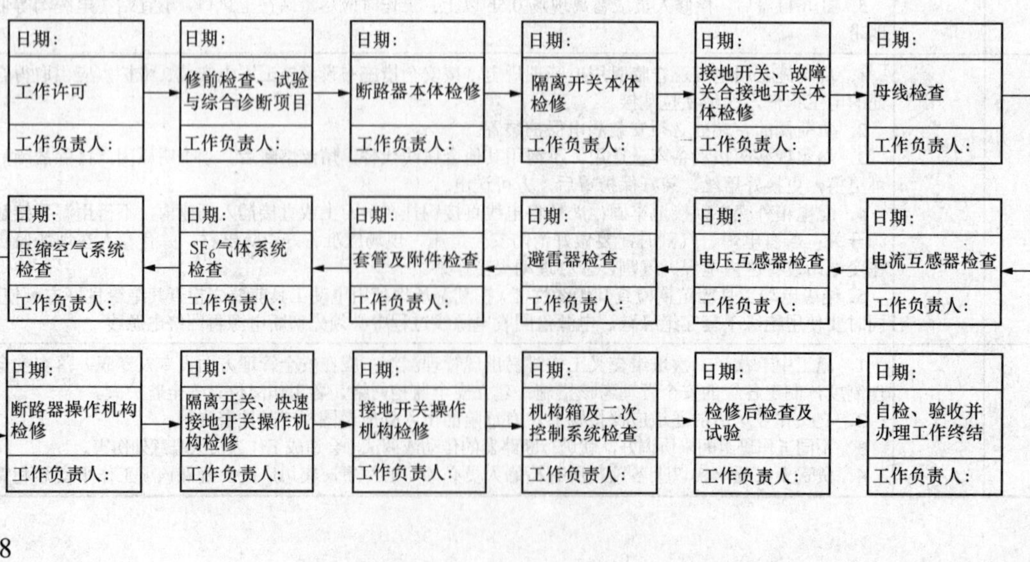

5 作业程序及作业标准

5.1 开工

√	序号	内　　容	到位人员签字
	1	工作票负责人按局、工区有关规定办理好工作票许可手续，完成三级交底工作	
	2	本作业负责人对本班工作人员进行明确分工，并在开工前检查确认所有工作人员正确使用劳保用品	
	3	在本作业负责人带领下进入作业现场并在工作现场向所有工作人员详细交待作业任务、安全措施和安全注意事项，全体工作人员应明确作业范围、进度要求等内容，并在到位人员签字栏上分别签名	
	4	专责施教人对辅助人员（外来）按工区规定进行施教，施教内容包括：作业范围、安全措施、安全注意事项等	

5.2 检修电源的使用

√	序号	内　　容	标　　准	责任人签名
	1	检修电源接取位置	从检修电源箱接取，且在工作现场电源引入处配置有明显断开点的刀闸和触电保护器	
	2	检修电源的配置	电源必须是三相四线并有漏电保护器	
	3	接取电源时注意事项	必须由检修专业人员接取，接取时严禁单人操作；接取电源前应先验电，用万用表确认电源电压等级和电源类型无误后，从检修电源箱内出线闸刀下桩头引出	
	4	检修电源线要求	$2.5mm^2$ 及以上	

5.3 检修内容和工艺标准

√	序号	检修内容	工　艺　标　准	安全措施及注意事项	检修结果	责任人签字
	1	修前检查、试验与综合诊断项目				
	1.1	修前检查的项目	1．GIS 本体的外观检查：气室漆面及气室隔离漆色标记是否有脱色，盆式绝缘子外观是否有裂痕、色变。 2．压力表、密度计、指示器、指示灯等二次元件工作是否正常，不正常的要结合检修进行更换。 3．断路器、隔离开关等操动机构分、合闸一次，检查各传动部分有无卡涩现象，操动机构是否正常，指示是否正确。 4．检查后释放操动机构能量，切断各回路电源	试操作时，应注意防止机械伤人		

表（续）

√	序号	检修内容	工 艺 标 准	安全措施及注意事项	检修结果	责任人签字
	1.2	修前试验项目	1．各气室漏气率测量（可参照历史补气记录）。 2．各气室 SF_6 气体水分、组分测量。 3．回路电阻测量。 4．断路器机械特性测量，包含行程曲线等。 5．隔离开关、快速接地开关同期测量。 6．电流互感器、电压互感器伏安特性测量。 7．局部放电测量。 8．避雷器性能测量	1．高压试验时应做好监护措施，防止电气伤人，操作设备时应防止机械伤人。 2．试验测试结果应做好记录。 3．测量回路电阻时应记录测量点。 4．避雷器性能测试可在设备停运前进行带电测量		
	1.3	综合诊断项目	1．绝缘性能。 2．机械特性。 3．二次元件性能。 4．主导电回路性能。 5．空气密封性能。 6．操作机构性能。 7．SF_6 气体密封性能。 8．SF_6 气体状况	综合诊断需结合历史运行记录		
	2	断路器本体检修				
	2.1	断路器气室 SF_6 气体回收，储气罐压力释放	将断路器放到分闸位置，切断各回路控制电源，释放操作机构能量。 依次开启回收装置——本体阀门，回收 SF_6 气体至零压后，依次关闭本体阀门——回收装置	1．SF_6 气体回收时，操作人员应正确穿戴 SF_6 气体防护服、乳胶手套及防护面罩等劳保用品。 2．回收 SF_6 气体应按相关的操作规程进行，不得将回收的 SF_6 气体直接排放于大气		
	2.2	对断路器气室进行抽真空	在断路器气室阀门关闭的情况下，连接抽真空装置管道至断路器气室补气口处，依次开启抽真空装置——断路器气室阀门。 当真空度达到 133Pa 以下时停止抽真空，依次关闭断路器气室阀门——抽真空装置	1．抽真空时应有专人监护抽真空装置电源。 2．在进行抽真空处理时，应采用出口带有电磁阀的真空处理设备，且在使用前应检查电磁阀动作可靠，防止抽真空设备意外断电造成真空泵油倒灌进入设备内部		
	2.3	对断路器气室充氮气进行清洗	将氮气压力冲至 0.2MPa，静置 0.5h，缓慢开启阀门将氮气排放	1．排放时，排风口不得站人。 2．不得直接排放至空气中		

表（续）

√	序号	检修内容	工 艺 标 准	安全措施及注意事项	检修结果	责任人签字
	2.4	拆卸断路器气室零部件	1. 用力矩扳手打开断路器顶盖板和下部罐体手孔盖板。 2. 从断路器顶部拆下静主、弧触头。 3. 用专用工具（5KA.889.002）拆下喷口。 4. 用专用工具（5KA.889.001）拆下动主、弧触头	拆卸部件应妥善保管，定置摆放		
	2.5	检查、清理断路器气室及其金属零部件	1. 检查拆下的喷口、动弧触头、静弧触头、动、静主触头是否有明显损伤，有则按规定进行更换。 2. 对喷口、压气缸进行检查，有损伤则按规定进行更换。 3. 用无水乙醇对喷口进行清理，避免有污点。 4. 用无毛纸（或干净的无毛白布）沾无水乙醇清洗动、静触头。 5. 在触头头部涂上微碳润滑脂。 6. 安装动、静触头和喷口，并注意将喷口螺纹拧到底部；用酒精或无水乙醇对断路器气室内各部件进行全面清理。 7. 更换顶盖用密封圈。 8. 用吸尘器清理、并用无毛纸或白布沾无水乙醇对断路器气室内部进行全面清理	1. 涂抹密封胶应均匀涂抹，防止密封胶遗留在气室内壁。 2. 灭弧室零部件更换标准： ①静弧触头：触头端部的磨损量大于 2mm 或者出现裂痕； ②动弧触头：触头头部的烧损大于 2mm，或有明显碎裂或触指闭合，或触头表面有铜析出现象； ③主触头：触头端部的磨损量大于 1mm 或者出现大的裂痕，发生质变时； ④喷口：喷口内径的磨损量大于 1mm，或有深的裂纹、有明显的剥落或清理不干净时； 检查压气缸表面应无划伤，镀银面应完好，如有轻微划伤且镀银面无损伤； ⑤滑动触头的夹紧弹簧应完好。渡银层应完好无烧蚀		
	2.6	检查清理、内部绝缘件	1. 绝缘拉杆、支柱绝缘子、盆式绝缘子等是否有裂痕、放电痕迹。 2. 用无毛纸或白布沾无水乙醇对断路器气室内部绝缘件进行全面清理			
	2.7	更换断路器气室吸附剂	装入烘干的新吸附剂，紧固件应用力矩扳手严格按照作业指导书规定力矩紧固	取用吸附剂时应使用乳胶手套。 更换下来的吸附剂必须统一放置保管，采用溶度为 20%氢氧化钠溶液浸泡 12h 后，统一深埋 3m 处理		
	2.8	恢复断路器顶盖板和下部罐体手孔盖板	盖板螺栓均匀按力矩对角紧固	封盖板时，观察密封圈是否有移位，应确保密封圈在密封槽内		

表（续）

√	序号	检修内容	工艺标准	安全措施及注意事项	检修结果	责任人签字
	2.9	断路器气室抽真空	1. 连接抽真空装置管道至断路器气室补气口处，依次开启抽真空装置——断路器气室阀门。 2. 抽真空结束时，依次关闭断路器气室阀门——抽真空装置。 3. 当真空度达到 133Pa 以下时，继续抽真空 0.5h，停机保持 4h 以上，记录真空度下降的数值应不大于 133Pa，充气前再抽真空 0.5h。若真空度有下降，则应检查密封环节（抽真空时间视当天的温湿度情况及天气状况适当延长）	1. 抽真空时应有专人监护抽真空装置电源。 2. 在进行抽真空处理时，应采用出口带有电磁阀的真空处理设备，且在使用前应检查电磁阀动作可靠，防止抽真空设备意外断电造成真空泵油倒灌进入设备内部。 3. 更换吸附剂后，应在 0.5h 之内封盖并开始抽真空		
	2.10	断路器气室充氮气至额定压力	断路器气室充氮气至额定压力，静置保持 12h，记录压力值下降情况，压力偏差不得大于 0.01MPa	氮气应使用 99.99%纯度氮气，在充入前应进行微水校验		
	2.11	断路器气室测试微水值	微水含量值≤100μL/L	此气体为氮气		
	2.12	排放断路器气室内氮气，并抽真空	1. 连接抽真空装置管道至断路器气室补气口处，依次开启抽真空装置——断路器气室阀门。 2. 抽真空结束时，依次关闭断路器气室阀门——抽真空装置。 3. 当真空度达到 133Pa 以下时，继续抽真空 0.5h	1. 抽真空时应有专人监护抽真空装置电源。 2. 在进行抽真空处理时，应采用出口带有电磁阀的真空处理设备，且在使用前应检查电磁阀动作可靠，防止抽真空设备意外断电造成真空泵油倒灌进入设备内部。 3. 排放时，排风口不得站人。 4. 不得直接排放至空气中		
	2.13	充 SF_6 气体及检漏	充 SF_6 气体至 0.25MPa 后，对现场装配的密封面进行检漏，确认无漏点之后再充 SF_6 气体至额定压力，然后再进行全面检漏，并记录环境温度	气体应使用合格气体，在充入前应进行微水校验		
	2.14	断路器机械特性试验	检修后的断路器进行分、合闸时间测试、合—分时间测试、速度测试、三相不同期测试、低电压动作试验	试验后数据应与修前试验数据进行比对；速度测试应保留测试曲线		
	3	隔离开关本体检修				
	3.1	隔离开关气室 SF_6 气体回收	1. 将隔离开关放到分闸位置，切断各回路控制电源。 2. 依次开启回收装置——本体阀门，回收 SF_6 气体至零压后，依次关闭本体阀门——回收装置	1. SF_6 气体回收时，操作人员应正确穿戴 SF_6 气体防护服、乳胶手套及防护面罩等劳保用品。 2. 回收 SF_6 气体应按相关的操作规程进行，不得将回收的 SF_6 气体直接排放于大气		

表（续）

√	序号	检修内容	工 艺 标 准	安全措施及注意事项	检修结果	责任人签字
	3.2	拆除手孔盖板，检查内部金属元器件	通过手孔，对隔离开关内部零部件进行外观检查：动、静触头镀银层是否有明显划痕；隔离开关内部是否有金属残屑；均压帽、梅花触头、自立型触头、轴承等零件是否有变形或损伤	检查中避免遗留物品在气室内		
	3.3	检查内部绝缘件检查	1．绝缘拉杆、支柱绝缘子、盆式绝缘子等是否有裂痕、放电痕迹。 2．用无毛纸或白布沾无水乙醇对断路器气室内部绝缘件进行全面清理			
	3.4	若动、静触头或绝缘拉杆有明显划伤或裂痕，则对隔离开关进行解体更换触头或绝缘拉杆。 （若动、静触头无受损，此项略过）	1．拆除机构箱，解除二次线并做标记；拆除操动机构、连接机构。 2．用L扳手拆除绝缘拉杆M10锁紧螺钉（共三处）；拆除轴密封盖的4个安装螺钉后取下轴密封。 3．拆除动侧导体在盆式绝缘子上的M12安装螺钉后，取下整套导体部件及U、W相之间绝缘拉杆。 4．更换有问题的动、静触头和绝缘拉杆或轴密封。 5．对拆下密封圈、挡圈、轴销进行更换。 6．在轴密封套上的密封槽内涂密封胶及安装O形圈，并固定在隔离开关外壳上，同时将六方轴穿入夹叉内，并注意间隙不能过大，点螺纹胶（乐泰 271）后再紧固锁紧螺钉。 7．安装连接机构并调整，使屏蔽罩到动触头凹面的间隙为5（公差为+3～0）时紧固分闸限位螺钉，调整动触头与屏蔽罩之间距离为107±2时，紧固合闸限位螺钉，若屏蔽罩存在变形应更换。 8．查机构中的弹簧、轴销等零件是否有锈蚀或变形，有则进行更换。 9．恢复二次接线	拆卸部件应妥善保管，避免随意摆放		
	3.5	清理检查隔离开关气室	隔离开关气室内部用吸尘器进行清理，并用无毛纸或白布蘸无水乙醇进行零部件表面擦拭			
	3.6	更换密封圈	更换解体部分的O形圈：将设备上解体部分的O形圈全部换掉并做破坏处理，用非金属工具去除密封部位的原存密封胶，用无水乙醇清洗，对密封槽、密封面及新密封圈进行严格检查后，使用规定的密封胶，装上新的O形圈	涂抹密封胶应均匀涂抹，防止密封胶遗留在气室内壁		

表（续）

√	序号	检修内容	工 艺 标 准	安全措施及注意事项	检修结果	责任人签字
	3.7	更换隔离开关气室吸附剂	装入烘干的新吸附剂，紧固件应用力矩扳手严格按照作业指导书规定力矩紧固	取用吸附剂时应使用乳胶手套。 更换下来的吸附剂必须统一放置保管，采用溶度为20%氢氧化钠溶液浸泡12h后，统一深埋3m处理		
	3.8	恢复隔离开关手孔盖板	盖板螺栓按力矩均匀对角紧固	封盖板时，观察密封圈是否有移位，应确保密封圈在密封槽内		
	3.9	隔离开关气室抽真空	1. 连接抽真空装置管道至隔离开关气室补气口处，依次开启抽真空装置——隔离开关气室阀门。 2. 抽真空结束时，依次关闭隔离开关气室阀门——抽真空装置。 3. 更换吸附剂后，应在0.5h之内封盖并开始抽真空，当真空度达到133Pa以下时，继续抽真空0.5h，停机保持4h以上，记录真空度下降的数值应不大于133Pa，充气前再抽真空0.5h，若真空度仍有下降，则应检查密封环节	1. 抽真空时应有专人监护抽真空装置电源。 2. 在进行抽真空处理时，应采用出口带有电磁阀的真空处理设备，且在使用前应检查电磁阀动作可靠，防止抽真空设备意外断电造成真空泵油倒灌进入设备内部		
	3.10	充 SF_6 气体及检漏	充 SF_6 气体至0.25MPa后，对现场装配的密封面进行检漏，确认无漏点之后再充 SF_6 气体至额定压力，然后再进行全面检漏，并记录环境温度	气体应使用合格气体，在充入前应进行微水校验		
	3.11	隔离开关机械特性试验	对隔离开关进行分、合闸时间、三相同期试验	试验后数据应与修前试验数据进行比对		
	4	接地开关、故障关合接地开关本体检修	对于操作次数不到规定次数的接地开关，在检查隔离开关的同时可对接地开关的动触头、自立型触指进行检查，若发现损伤严重，可对触头或触指进行更换	结合隔离开关检修时进行		
	4.1	拆除机构箱、解除二次电线	作相应标记			
	4.2	拆除接地开关/故障关合接地开关	拆除操动机构，连接机构	拆卸机构应妥善保管		
	4.3	拆除绝缘法兰，并清除密封胶	用非金属工具去除密封部位的原存密封胶，用无水乙醇清洗			

表（续）

√	序号	检修内容	工 艺 标 准	安全措施及注意事项	检修结果	责任人签字
	4.4	拆除并更换接地开关、故障关合接地开关零部件	1．拆卸过程中防止金属碰伤。 2．用专用工具拆下自立型触指。 3．拆除夹叉的销子后拆下动触头，并将动触头与夹叉分开，同时更换动触头。 4．在螺纹上涂微碳润滑脂，把更换后的自立型触指安装到绝缘法兰上。 5．在外螺纹上涂微碳润滑脂，把更换后的动触头与夹叉紧固。 6．将动触头的夹叉与拐臂连接，穿入销子并装挡圈。 7．在绝缘法兰的密封槽内涂适当的密封胶，装入O形圈后使动触头从触指穿入	1．避免遗留物品在气室内部。 2．安装密封圈确认密封圈是否有移位，应确保密封圈在密封槽内。 3．自立型触指安装力矩为300N·m。 4．动触头与夹叉紧固力矩为160N·m		
	4.5	将接地开关/故障关合接地开关安装到隔离开关上	在分闸位置时装复，紧固M16螺钉	紧固力矩为85N·m		
	4.6	接地开关、故障关合接地开关气室清理	用吸尘器清理、并用无毛纸或白布沾无水乙醇对气室内部进行全面清理			
	4.7	安装连接机构，操作机构，并恢复二次接线	复装后应对各外部金属部件及二次线进行复核			
	5	母线检查				
	5.1	母线气室 SF_6 气体回收	依次开启回收装置——本体阀门，回收 SF_6 气体至零压后，依次关闭本体阀门——回收装置	1．SF_6 气体回收时，操作人员应正确穿戴 SF_6 气体防护服、乳胶手套及防护面罩等劳保用品。 2．回收 SF_6 气体应按相关的操作规程进行，不得将回收的 SF_6 气体直接排放于大气		
	5.2	拆除手孔盖板，盆式绝缘子、支柱绝缘子外观检查	检查盆式绝缘子外观无裂痕及放电痕迹	根据具体情况判断是否更换盆式绝缘子		
	5.3	导体表面检查	检查导体外观完好，镀银面无严重损伤，损伤严重则进行更换			
	5.4	母线连接触指、连接螺栓检查	连接触指表带弹性符合要求，镀银层完好、无裂纹、触指无位移、无过热痕迹，螺栓连接牢固			
	5.5	清洁盆式绝缘子、支柱绝缘子的表面及壳体内表面	用吸尘器清理、并用无毛纸或白布沾无水乙醇对盆式绝缘子、支柱绝缘子及壳体内表面进行清理	清理过程中防止物品遗留在气室内		

表（续）

√	序号	检修内容	工　艺　标　准	安全措施及注意事项	检修结果	责任人签字
	5.6	更换密封圈	更换气室密封圈，用非金属工具去除密封部位的原存密封胶，用无水乙醇清洗，对密封槽、密封面及新密封圈进行严格检查后，使用规定的密封胶，换上新的密封圈	涂抹密封胶应均匀涂抹，防止密封胶遗留在气室内壁		
	5.7	更换吸附剂	用烘干的新的吸附剂换掉旧的吸附剂，紧固件的紧固严格按照作业指导书规定的力矩用力矩扳手紧固； 更换下来的吸附剂必须统一放置保管，采用溶度为20%氢氧化钠溶液浸泡12h后，统一深埋处理	取用吸附剂时应使用乳胶手套		
	5.8	恢复母线气室手孔盖板	盖板螺栓按力矩均匀对角紧固	封盖板时，观察密封圈是否有移位，应确保密封圈在密封槽内		
	5.9	母线气室抽真空	1．连接抽真空装置管道至母线气室补气口处，依次开启抽真空装置——母线气室阀门。 2．抽真空结束时，依次关闭母线气室阀门——抽真空装置。 3．更换吸附剂后，应在0.5h之内封盖并开始抽真空，当真空度达到133Pa以下时，继续抽真空0.5h，停机保持4h以上，记录真空度下降的数值应不大于133Pa，充气前再抽真空0.5h，若真空度仍有下降，则应检查密封环节	1．抽真空时应有专人监护抽真空装置电源。 2．在进行抽真空处理时，应采用出口带有电磁阀的真空处理设备，且在使用前应检查电磁阀动作可靠，防止抽真空设备意外断电造成真空泵油倒灌进入设备内部		
	5.10	充 SF_6 气体及检漏	充 SF_6 气体至0.25MPa后，对现场装配的密封面进行检漏，确认无漏点之后再充 SF_6 气体至额定压力，然后再进行全面检漏，并记录环境温度	气体在充入前应进行微水校验，使用合格气体		
	6	电流互感器检查	电流互感器通常与断路器是同一个气室，在断路器进行解体时，同时检查电流互感器的线圈有无异常现象，并测试其特性和精度，和投运前相比，看有无变化			
	7	电压互感器检查				
	7.1	外接端子检查	检查电压互感器外接端子是否有松动、二次端子是否完好	检查前应确认二次空开断开		
	7.2	检查互感器防爆膜	互感器防爆膜外观完好，无变形			
	7.3	检查电压互感器变比	电压互感器变比是否正确			
	8	避雷器检查				

表（续）

√	序号	检修内容	工 艺 标 准	安全措施及注意事项	检修结果	责任人签字
	8.1	泄漏电流测量	当避雷器上的电压不超过持续运行电压时，其阻性电流应不大于250μA	测量时应在无开关操作及其他异常情况下进行，以保证测试的安全和数据的可靠性		
	8.2	计数器的动作和电流情况	不超标准值，符合要求			
	8.3	检查避雷器内部阀片、绝缘件	避雷器内部阀片、绝缘件外观完好			
	8.4	外观检查	检查螺钉、螺母是否有松动等			
	9	套管及附件检查				
	9.1	附件安装情况检查	GIS的其他外装附件，如浪管、平台等，也应检查其紧固情况，看有无松动，连接牢靠			
	9.2	进、出线套管检查	对于有裂纹、接线端子表面有污秽及过热现象的，则将瓷套从分支上拆除，更换有损伤的绝缘子，并清理接线端表面			
	10	SF_6气体系统检查				
	10.1	渗漏检查	使用定量检漏仪或包扎法对充放气阀门、管道和各处接头进行泄漏检查，对存在漏气的阀门、管道及阀门内的密封圈进行更换，并进行泄漏检查	结合历年补气缺陷记录进行处理渗漏部位。 年漏气率≤1%		
	10.2	阀门外观情况及关闭、开启情况检查	阀门外观情况及功能完好	处理后的所有阀门，必须保证处在正确的常开、常闭位置		
	10.3	SF_6密度继电器校验	检查、校验各气室的SF_6密度继电器的整定值；检查及更换、调整完后，应确保整个SF_6气体系统无漏气现象，各气室的SF_6密度继电器的整定值正确，不会引起误动作	整定压力（20℃）（MPa） 1．断路器报警值： 起动PA=0.45±0.03； 复位PA+（0.01～0.05）。 2．断路器闭锁值： 起动P L=0.40±0.03； 复位PL+（0.01～0.05）。 3．电压互感器报警值： 起动PA=0.35±0.03； 复位PA+（0.01～0.05）。 4．LA、额定电流200A及以下报警值： 起动PA=0.30±0.03； 复位PA+（0.01～0.05）。 5．额定电流3150A： 起动PA=0.40±0.03； 复位PA+（0.01～0.05）		

表（续）

√	序号	检修内容	工 艺 标 准	安全措施及注意事项	检修结果	责任人签字
	10.4	所有气室的 SF_6 气体水份含量历史记录	解体检查前，测要检修的停电间隔所有气室的水份含量，并做作好记录。对GIS的各气室，水分如有超标的，都应处理	断路器气室≤150μL/L；其他气室≤300μL/L		
	11	压缩空气系统检查				
	11.1	检查压力开关的整定值	检查、校验压力开关整定值。检查及更换、调整完后，应确保整定值正确，不会引起误动作	1．报警压力： 动作值：1.25±0.03MPa； 复归值：1.40±0.03MPa。 2．安全阀的动作压力： 动作值：1.7～1.8MPa； 复归值：1.45～1.55MPa。 3．断路器操作闭锁压力： 动作值：1.20±0.03MPa； 复归值：1.40±0.03MPa。 4．断路器重合闸操作闭锁压力： 动作值：1.43±0.03MPa； 复归值：1.46±0.03MPa		
	11.2	压缩空气系统检漏	对阀门和空气管路接头进行泄漏检查，对存在漏气的阀门及阀门内的密封圈进行更换	处理后的渗漏部位应重新建压检漏		
	11.3	阀门的关闭、开启情况	所有阀门，必须保证处在相应的常开、常闭位置			
	11.4	空压机检查	1．检查空压机皮带是否老化、龟裂，若不合格需更换。 2.检查空压机运转声音是否平稳，若有异响需进行处理。 3．检查空压机油色及油位是否正常，若不合格应进行补充或更换机油。 4．检查空压机固定螺栓是否紧固。 5．检查空压机外表面完好，无渗油痕迹	1．检查皮带弹性用手指在皮带中心下压，变形不超过1cm。 2．补充或更换后机油应进行设备表面清理，防止遗留油迹		
	12	断路器操作机构检修				
	12.1	操动机构的润滑、检查	对机构内所有连接部位都必须使用二硫化钼铝基润滑脂进行润滑处理，对存在生锈元件要进行更换	检查时应断开操作电源，机构能量释放		
	12.2	检查固定行程螺母和挡圈	对螺母和挡圈必须用专用工具进行防松检查，重新紧固	对拆卸过的挡圈、轴销必须全部进行更换		
	12.3	更换阀体的密封圈	用无水乙醇清洗，对密封槽、密封面及新密封圈进行严格检查后，换上新的密封圈	若涂抹密封胶，应均匀涂抹，防止密封胶遗留在阀体内壁		

表（续）

√	序号	检修内容	工 艺 标 准	安全措施及注意事项	检修结果	责任人签字
	12.4	检查阀体	阀体密封良好，无锈蚀、裂纹现象，若有则进行更换			
	12.5	缓冲器的检修	1．拆解缓冲器，清理每个零部件。 2．检查活塞杆是否有拉伤，有拉伤的应更换。 3．检查缸体有无损伤，有损伤的应更换。 4．更换所有的密封件。 5．活塞杆与油缸体装配：装入密封圈，将活塞杆部件装入油缸体中，应顺畅无卡涩。 6．清理油缓冲器缸体，并在分闸状态注入液压油，数量为内腔的 2/3 高度，以油锥孔溢油为准，拧入高压螺塞。 7．倒置 24h 无渗漏为合格			
	12.6	分、合闸位置检查	机械指示正确到位			
	12.7	手动、电动分、合闸试操作	操作过程应动作灵活，无卡涩	试操作过程中应防止机械伤人		
	13	隔离开关、快速接地开关操作机构检修				
	13.1	电动机工作情况检查	电动机起动工作正常，运转过程无异响			
	13.2	分、合闸弹簧外观检查	弹簧外观无变形、锈蚀、裂纹			
	13.3	操动机构的润滑、检查	对箱内所有连接部位都必须使用二硫化钼铝基润滑脂润滑处理，对存在生锈件的要进行更换			
	13.4	检查固定行程螺母和挡圈	对螺母和挡圈必须用专用工具进行防松检查，重新紧固	对拆卸过的挡圈、轴销必须全部进行更换		
	13.5	合闸过程工作情况检查	电动机储能后，合闸弹簧释放过程顺畅，无异响	防止机械伤人		
	13.6	分闸过程工作情况检查	分闸铁芯动作过程顺畅，无异响	防止机械伤人		
	13.7	分、合闸位置检查	机械指示正确到位，色标清晰			
	14	接地开关操作机构检修				
	14.1	操动机构的润滑、检查	对箱内所有连接部位都必须使用二硫化钼铝基润滑脂润滑处理，对存在生锈件的要进行更换			
	14.2	检查固定行程螺母和挡圈	对螺母和挡圈必须用专用工具进行防松检查，重新紧固	对拆卸过的挡圈、轴销必须全部进行更换		

表（续）

√	序号	检修内容	工 艺 标 准	安全措施及注意事项	检修结果	责任人签字
	14.3	闭锁线圈检查	闭锁线圈铁芯动作灵活、无卡涩，线圈阻值合格			
	14.4	操作闭锁挡板检查	满足操作条件时，闭锁线圈可靠吸合铁芯，且铁芯动作到位，操作闭锁挡板灵活拨开，操作棒可插入到位			
	14.5	分、合闸位置检查	机械指示正确到位，色标清晰			
	15	机构箱及二次控制系统检查				
	15.1	辅助开关检查	检查辅助开关的触点，如有烧蚀、接触不良或有粘连的，都应更换			
	15.2	加热回路及加热器检查	加热回路元器件工作正常，若加热工作不正常、元器件外观受损的，应更换			
	15.3	位置指示器及计数器	指示正确、计数器完好			
	15.4	机构箱密封情况检查	检查机构箱门的密封情况，对密封垫或密封条老化、缺少的应进行修补	如为户外产品，检查机构箱的渗漏情况，应重新涂抹防水胶		
	15.5	二次回路绝缘试验	二次回路对地绝缘电阻应大于2MΩ，用1000V绝缘电阻表测量	试验时应做好监护措施，二次回路不得有人工作，防止电气伤人		
	15.6	端子排、二次线检查	检查端子排的紧固螺栓，连接螺栓和机械压接端子的紧固螺栓应拧紧；导线无损坏，接线无误			
	15.7	二次控制回路的接线端子检查	确保接线正确，联锁无误			
	16	检修后检查及试验				
	16.1	检查				
	16.1.1	外观检查	对装配状态、零件松动情况、接地端子配置、气体管路和电缆槽盒进行检查			
	16.1.2	接线检查	对各处接线进行检查，必须图实相符；同时要检查接线端子的松紧及端子标记			
	16.1.3	联锁条件检查	结合试操作过程，核对联锁回路图校验	若临近带电间隔的设备涉及联锁回路，应确认是否具备操作条件方可操作		
	16.1.4	手动分、合试操作检验	对断路器、隔离开关手动分合各5次，电动分合各10次，观察设备必须正常动作，在此过程中，直观检查操动机构，转换开关等部位必须操动正常	防止机械伤人		

表（续）

√	序号	检修内容	工 艺 标 准	安全措施及注意事项	检修结果	责任人签字
	17	试验				
	17.1	绝缘电阻测定	一次回路：1000MΩ以上；控制回路：2MΩ以上	试验时应做好监护措施，防止电气伤人		
	17.2	主导电回路电阻测量	现场测量值应不超过标准值的120%	试验时应做好监护措施，防止电气伤人		
	17.3	检漏试验	1．SF_6气体泄漏试验：判定标准：年漏气率小于1%。 2．空气泄漏试验：5%，时间12h			
	17.4	联锁试验	必须满足电气控制原理图所规定的联锁条件			
	17.5	电流互感器试验	用1000V绝缘电阻表测量每个二次线圈对地绝缘电阻必须大于2MΩ	试验时应做好监护措施，防止电气伤人		
	17.6	电压互感器试验	1．在端子板上测量二次绕组对地绝缘电阻，必须大于5×10^3MΩ。 2．对二次绕组及一次绕组接地端子施加工频电压，必须耐受工频试验电压2kV，1min			
	17.7	避雷器试验	在天气晴朗，无开关操作的情况下，阻性电流≤250mA（带电测试）	避雷器性能测量可带电测量		
	17.8	微水试验	断路器气室≤150μL/L 其他气室≤300μL/L			
	17.9	控制回路工频电压试验	耐受试验电压2kV 1min	试验时应做好监护措施，防止电气伤人		
	17.10	主回路工频电压试验	老练电压：在73kV相电压下保持5min；在126kV线电压下保持3min；工频耐压：184 kV/1min	试验时应做好监护措施，防止电气伤人		
	17.11	局部放电测量	与历史数据进行比对			
	17.12	机械特性和机械操作试验	应符合产品技术规范要求			
	18	扫尾工作				
	18.1	试验确认	所有试验项目均合格			
	18.2	本体及机构除锈、清扫、油漆				
	19	组织有关人员对检修设备进行全面的自验收				
	19.1	对所有检修项目进行自验收	自验收要全面、仔细、认真进行，做到无漏项，修必修好			

表（续）

√	序号	检修内容	工艺标准	安全措施及注意事项	检修结果	责任人签字
	19.2	检查现场安全措施	临时保安线已拆除，现场安全措施与工作所载相符			
	19.3	检查设备状态	恢复至工作许可时状态			
	19.4	清理现场	在所有检修工作验收合格后，进行场地清理工作			

6 竣工

√	序号	内容	责任人员签字
	1	清理工作现场，将工器具全部收拢并清点，废弃物按相关规定处理，材料及备品备件回收清点	
	2	按相关规定，关闭检修电源	
	3	做好检修记录，记录本次检修内容，反措或技改情况，有无遗留问题	
	4	会同验收人员验收对各项检修、试验项目进行验收	
	5	会同验收人员对现场安全措施及检修设备的状态进行检查，要求恢复至工作许可时状态	
	6	经全部验收合格，做好检修记录后，办理工作票结束手续	

7 验收记录

自验收记录	记录改进和更换的零部件	
	存在问题及处理意见	
验收单位意见	检修班组自评价及签字	
	检修部门验收意见及签字	
	运行单位验收意见及签字	
	公司验收意见及签字	

8 作业指导书执行情况评估

评估内容	符合性	优		可操作项	
		良		不可操作项	
	可操作性	优		建议修改项	
		良		遗漏项	
存在问题					
改进意见					

2 安全质量控制卡

班组作业安全质量控制卡

作业名称：××局－××类－××班××变电站 110kV 气体绝缘金属封闭开关设备（120-SFMT-320）大修作业

工作负责人编写：________ 审核：________ 批准：________

作业性质：多专业 计划时间：___年__月__日__时__分至___年__月__日__时__分

1 作业前

1.1 作业前内业准备

序号	名 称	规 格	单位	数量	确认
1. 现场勘察		勾选：☐已勘察 ☐无需勘察 签字确认：			
2. 工器具					
2.1	标准工具箱	详见标准工具箱配置表	套	1	
2.2	常规检修工器具	详见常规检修工器具表	套	1	
3. 仪器					
3.1	仪器	详见仪器表	套	1	
4. 材料					
4.1	材料	详见材料备品备件表	套	1	
5. 防护用品					
5.1	防护用品	详见安全防护用品表	套	1	
6. 作业文件					
6.1	工作票编号				
6.2	作业文件（设备台账资料、设备说明书、接线图、报表）等				
7. 其他（录音笔、红马甲）					

1.2 出工准备

序号	名 称	确认
1	班组班前会	
2	出工三检查	

2 作业中

2.1 作业组班前会

2.1.1 本作业危险点分析及安全措施交底

序号	危险点分析	安全控制措施	确认
1	操作电动工器具、仪器时，因操作不当或使用不合格的仪器设备造成触电伤害，对二次回路通电试验时，不符合操作要求，造成一次侧高压伤人	1．操作电动工具人员应熟悉操作规程，并严格按操作规程作业，防止触电事故。电动工器具按规定绝缘试验检测。 2．高压试验设备的外壳必须接地良好可靠，高压试验时应设好围栏、标示牌，并有专人监护。 3．对二次回路通电试验时，二次回路须与一次设备断开，严防一次侧产生高压伤人，严禁将控制二次回路短路。电流互感器二次回路严禁开路，经检查无误后方可在电流互感器一次侧进行通电试验。 4．停电或临近带电体作业，严格按规定办理作业票等手续，设专人监护，执行规程要求	
2	未做好安全措施，造成检修人员误入带电间隔	1．配合运行人员做好安全措施，现场应配备足够的标识牌，严禁跨越围栏，严禁工作人员擅自移动或拆除标识牌及围栏。 2．开工前，应对每位施工人员进行工作现场停电安全交底，明确现场停电检修设备与运行设备的分界点。 3．进入现场必须由工作负责人及安全员带领，严禁单独进入施工现场	
3	未做好安全防护措施，有毒的 SF_6 泄漏造成伤害	1．室内 SF_6 设备检修前应提前通风 15min。 2．SF_6 气体回收时，操作人员应正确穿戴 SF_6 气体防护服、乳胶手套及防护面罩等劳保用品。 3．回收 SF_6 气体应按相关的操作规程进行，不得将回收的 SF_6 气体直接排放于大气。 4．处理 SF_6 设备过后的废弃物必须统一放置保管，采用溶度为 20%氢氧化钠溶液浸泡 12h 后，统一深埋处理。 5．打开封盖后，检修人员应暂离现场 0.5h 以上；工作时应尽量站在上风口，不宜站在电缆沟等低洼地带	
4	未按施工用电安全使用要求，造成设备损坏	1．现场施工用电应遵守临时用电管理规定，按安全措施布设，施工用电安装、维护，应由取得合格证的电工担任，严禁私拉乱接。 2．负荷侧的首端处必须安装剩余电流动作保护装置。 3．熔丝规格应按设备容量选用，不得用其他金属线代替，熔丝熔断后，须查明原因，排除故障后方可更换，更换好熔丝，装好保护罩后，方可送电。 4．配电箱外壳必须接地牢固；严禁将电线直接钩挂在闸刀上或直接插入插座内，不得用湿手接触电源开关；若有电焊、气割时，要做好消防安全措施，现场应准备好消防器材，并有专人在现场监护；在变电站设备区内电焊、气割，应办理动火工作票。 5．绝缘电动工具应定期检查其绝缘性能，在潮湿场地使用电动工具前要先检查其绝缘良好方可使用，同时要使用绝缘手套穿绝缘鞋；电源盘回收电源线过程中必须先切断电源再回绕电源线	
5	施工作业过程中交叉作业，造成人员伤害	1．施工中一次、二次班组交叉工作时易出现管理漏洞；应在安全管理方面设专人专职，落实安全管理制度，制定各级的安全管理考核措施；建立安全监控网络，各工作岗位设安全监护人。 2．交叉作业场所的通道应保持畅通，有危险的出入处应设围栏或悬挂警告牌。 3．不同工作班组间未协调好，就进行断路器的传动或调试，会造成工作人员人身意外伤害。 4．负责人必须落实以上各项，所有检修人员必须尽心尽责，集思广益，确保该项工作平安顺利完成	

表（续）

序号	危险点分析	安全控制措施	确认
6	在拆、吊、装、调整操作机构过程中，造成人员造成伤害	1．施工所选用和采购合格厂家生产的机械、工器具、材料、安全防护用具隐患，且使用前必须进行产品性能检定，避免给施工人员带来不安全的伤害。 2．涉及高空作业时，应注意防滑，戴好安全帽，系好安全带，穿好绝缘鞋和工作服。 3．高空作业严禁乱抛、乱扔工器具及其他物件；材料，扳手等工器具应系上绳索挂好，以防高空落物。 4．吊装、搬运施工危险性大，特别是安装时重物不易固定，容易发生事故；起吊工作由专人指挥，指挥人由专业技术培训取得合格证的人员担任，必须穿规定标示服；吊装全过程应有专人监护；严格遵守《电业安全工作规程》的有关规定。 5．施工现场所用长物应放倒两人搬运，同时要有人监护；使用竹梯，在底部应绑扎橡胶皮防滑。 调整或检修机构时，高压气体管路未释压，弹簧能量未释放，会造成人身伤害	
7	在重物吊装过程中，造成人员	1．加强对机具设备的维护管理，保证吊装机械、设备完好和清洁，操作前必须例行检查，吊装前应检查机械工具、夹具、吊环等是否符合要求，同时进行试吊；吊装时，钢丝绳的夹角不应大于60°。 2．吊装时必须有统一的指挥、统一的信号，事前应查看吊装现场，合理安排晃绳位置；吊装时应遵守如下规定：起吊、安装所用钢丝绳，不准触及有电线路和电焊搭接线或与坚硬物体有硬摩擦。 3．操作人员必须经考试合格，持证上岗，其他人员不能顶岗操作。 4．吊装户内设备时，严格按照设备的吊点起吊以免损坏设备，起吊区域应控制人员流动，吊点下严禁站人。 5．吊装人员应熟悉起重工（器）具的基本性能及索具的最大允许负荷，并要求所吊物件重量应小于起重工（器）具的最大允许载荷，操作人员必须经考试合格，持证上岗，其他人员不能顶岗操作	
8	在二次回路上工作时，未做好安全措施，造成误碰误接	1．仔细核对图纸是否符合现场实际，填写二次工作安全措施票并能够认真执行。 2．室内设备施工中要做到防尘防震，加强二次安装调试的内部协调能力，应有切实的措施防止二次污染。 3．在二次回路上使用的工器具必须采用具有绝缘柄的工具。 4．严格执行工作票制度，工作负责人始终在工作现场，施工前检查工作票上的安全措施是否齐全与遗漏，同时做好现场的施工安全监护工作	
9	在对气室进行抽真空时，未对相邻气室降压，造成气室间绝缘盆子破裂击穿	1．对气室进行抽真空作业时，应仔细核对气室编号与工作内容一致。 2．抽真空前，将相邻气室 SF_6 气体压力将至其额定压力一半值。 3．若相邻气室属于运行中设备（一侧带电），应将带电气室进行停电后方可进行工作	
10	使用抽真空设备时，使用不合格设备或未进行检查，造成设备损伤	1．在进行抽真空处理时，应采用出口带有电磁阀的真空处理设备，且在使用前应检查电磁阀动作可靠，防止抽真空设备意外断电造成真空泵油倒灌进入设备内部。 2．在真空处理结束后应检查抽真空管的滤芯是否有油渍。 3．为防止真空度计水银倒灌进行设备中，禁止使用麦氏真空计	

2.1.2 其他班组间配合或交叉作业危险点分析及安全措施交底

序号	相关班组	危险点分析	安全控制措施	确认
1	大二次检修班	隔离开关调试与二次回路工作交叉进行容易发生人身伤害事故	要求调试时先通知保护人员，保护人员应中止工作并撤离试验区域，确保人身安全	

表（续）

序号	相关班组	危险点分析	安全控制措施	确认
2	变电试验班	一次设备加压试验时造成人身伤害	要求试验时应要求现场无关专业人员中止工作并撤离试验区域，确保人身安全	

2.1.3 安全措施确认

我已知晓上述工作地点、工作内容、停电范围、作业分工、危险点及安全控制措施，精神状态良好，确认签字：

2.2 关键工序安全质量控制

序号	关键工序	质量风险提醒	确认
1	修前检查、试验与综合诊断项目		
2	GIS 本体的外观检查	1．螺栓是否松动或锈蚀。 2．接地线连接牢靠，表面是否存在腐蚀或锈蚀。 3．进、出线套管表面是否存在裂纹，表面无脱釉、无残缺、无裂纹，釉面清洁、光滑，两端法兰结合良好、无脱胶。 4．SF_6 密度继电器、压力开关、指示器、指示灯等元器件工作是否正常。 5．罐体表面完整，漆面是否有脱落，绝缘盆子外观无裂纹	
3	操作机构检查（气动机构）	1．检查空气管道、管道接头及阀门。 2．检查空气压力开关动作值。 3．检查空气压缩机是否正常工作，机油油色、油位符合要求。 4．对操动机构各连接部位进行清理、润滑。 5．检查固定行程螺母和挡圈。 6．辅助回路和控制回路的绝缘电阻测试。 7．机构内端子排、元器件接线端子紧固情况检查。 8．检查缓冲器是否有漏油现象，检查缓冲器拉杆是否有拉伤，检查缓冲器缸体，更换密封圈及缓冲器油，缓冲器行程测量。 9．就地防跳，手动、电动分合闸试操作检查。 检查机构内加热器、通风口和门框密封条，并对机构进行清扫	
4	操作机构检查（弹操机构）	1．检查电动机工作是否正常，机构储能信号检查，储能时间是否合格。 2．分、合闸弹簧的外观检查。 3．连杆、擎子磨损情况检查。 4．检查缓冲器是否有漏油现象，检查缓冲器拉杆是否有拉伤，检查缓冲器缸体，更换密封圈及缓冲器油，缓冲器行程测量。 5．就地防跳，手动、电动分合闸试操作检查。 6．SF_6气体报警、闭锁回路检查。 7．辅助回路和控制回路的绝缘电阻、交流耐压测试。 8．机构内端子排、元器件接线端子紧固情况检查。 9．检查机构内加热器、通风口和门框密封条，并对机构进行清扫	
5	就地控制柜检查	1．检查控制柜内空气断路器、接触器、继电器等二次元件。 2．检查控制柜内端子排紧固情况。 3．检查控制柜螺栓紧固情况。 4．柜体密封情况检查及清扫	

表（续）

序号	关键工序	质量风险提醒	确认
6	断路器本体检修	1．检修前，将设备置于分闸位置，切断各回路电源，按要求回收气室中的 SF_6 气体，排放断路器储气罐中的压缩空气。 2．按照操作步骤拆卸零部件及更换吸附剂。 3．按照检修项目对设备进行检查、清理、更换受损零部件。 4．对气室进行抽真空、充 SF_6 气体，并对气室进行检漏。 5．检修后的断路器应进行断路器机械特性试验、最低操作电压试验	
7	隔离开关本体检修	1．检修前，将设备置于分闸位置，切断各回路电源，按要求回收回收气室中的 SF_6 气体。 2．按照操作步骤拆卸零部件及更换吸附剂。 3．按照检修项目对设备进行检查、清理、更换受损零部件。 4．气室进行抽真空、充 SF_6 气体，并对气室进行检漏。 5．对隔离开关进行分合闸时间、三相同期试验	
8	接地开关、故障关合接地开关本体检修	1．检修前，将设备置于分闸位置，切断各回路电源，按要求回收回收气室中的 SF_6 气体。 2．拆除操作机构、连接机构。 3．按照操作步骤拆卸零部件及更换吸附剂。 4．按照检修项目对设备进行检查、清理、更换受损零部件。 5．安装连接机构、操作机构，并恢复二次接线。 6．对气室进行抽真空、充 SF_6 气体，并对气室进行检漏。 7．对故障关合接地开关进行分合闸时间、三相同期试验	
9	隔离开关、接地开关所配操作机构检查（弹簧操动机构）	1．检查电动机工作情况检查。 2．检查分、合闸弹簧外观情况。 3．针对操动机构各传动零部件进行润滑及检查。 4．检查固定行程螺母和挡圈。 5．检查合闸过程工作情况。 6．检查分闸过程工作情况。 7．检查分、合闸位置到位情况	
10	隔离开关、接地开关所配操作机构检查（手动机构）	1．针对操动机构各传动零部件进行润滑及检查。 2．检查固定行程螺母和挡圈。 3．检查闭锁线圈、挡板工作情况。 4．检查分、合闸操作情况。 5．检查分、合闸位置指示情况	
11	电流互感器检查	1．检查电流互感器的线圈外观有无异常现象。 2．测试其特性和精度	
12	母线检查	1．检修前，按要求回收回收气室中的 SF_6 气体。 2．检查盆式绝缘子、支柱绝缘子外观情况。 3．检查导体外表面及镀银面。 4．母线连接触指、连接螺栓检查。 5．清洁导体、盆子的表面及壳体内表面。 6．更换密封圈及吸附剂。 7．对气室进行抽真空、充 SF_6 气体，并对气室进行检漏	
13	电压互感器检查	1．检查电压互感器外接端子是否有松动。 2．检查互感器防爆膜是否破裂。 3．检查电压互感器变比是否正确	
14	避雷器检查	1．泄漏电流测量，避雷器的阻性电流大于 250μA。 2．计数器的动作和电流情况。 3．检查螺钉、螺母是否有松动	

表（续）

序号	关键工序	质量风险提醒	确认
15	SF_6气体系统检查	1．对充放气阀门及接头连接处进行泄漏检查、处理。 2．处理后的所有阀门，必须保证处在正确的常开、常闭位置。 3．检查、校验各气室的 SF_6 密度继电器、压力开关的整定值。 4．检查管路完好，无破损、变形。 5．解体检查前，检测停电间隔所有气室的 SF_6 气体含水量，并作好相应记录；对 SF_6 气体含水量超标气室，都应进行气体处理并更换气室吸附剂	

2.3 作业验收

2.3.1 检修人员验收

序号	验收内容	确认
1	对检修工作全面自验收：逐项检查，无漏项，做到修必修好	
2	现场安全措施检查：临时保安接地线均已拆除，现场安全措施已恢复到工作许可时状态	
3	对设备状态恢复：隔离开关状态、操作电源、防误电源等均要求恢复到工作许可时状态	
4	检查现场无遗留工器具、材料，所有工作人员已经撤离现场	
5	工作负责人验收签字：	

2.3.2 运维人员验收

运维人员验收： 检修记录已登记，现场已验收合格。　　　　运维人员确认签字：

2.4 作业组班后会

序号	项　　目	确认
1	作业组班后会	
2	存在问题及措施：	

3 作业后

3.1 作业后内业工作

序号	项　　目	内　　容	确认
1	GPMS 流程运转	缺陷流程运转、报表编写上传、完成时限填写、完成设备作业后评估	
2	录音上传	工作票录音	
3	作业文件归档	安全质量控制卡、工作票、报表	

3.2 作业评价

评价情况：经检查，本控制卡____________，存在________________________问题，已向______________提出。

检查人：____________

____年____月____日

3 现场勘察单

××电业局（供电公司）电气工作现场勘察单

编号：×××××

工作名称	110kV 气体绝缘金属封闭开关设备（120-SFMT-320）大修	勘察单位	×××××
工作范围			
工作主要内容			
现场勘察情况图示（工作范围及保留带电部分图示或地下缆沟管线等布置图）	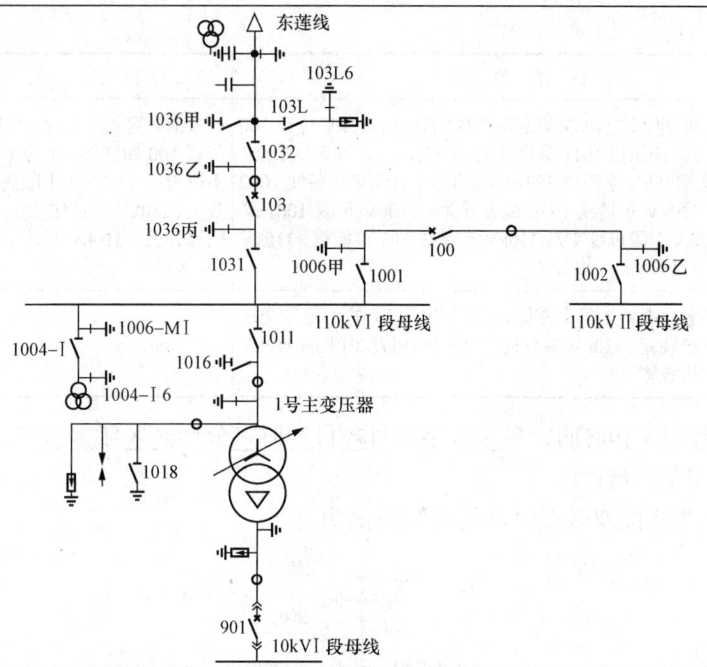		
现场勘察情况说明			
现场工作安全要求			
审核：××× 勘察人：×××、××× 监理人：××× 勘察日期：××年×月×日			

4　电气第一种工作票

××××电业局（供电公司）
电气第一种工作票

编号：×××××

1．部门：检修试验工区工作班组：变电一次检修一班、大二次检修一班、变电试验一班、变电试验二班 工作负责人：×××

2．工作班人员：×××　　共 × 人

3．工作任务：

工作地点	工作内容
110kV 莲坂变电站 110kV 东莲线 103 断路器、110kV 母联 100 断路器、1 号主变压器 1011 隔离开关、110kV Ⅰ段母线 TV1004-Ⅰ隔离开关、110kV 东莲线 1031 隔离开关、110kV 东莲线 1032 隔离开关、110kV 东莲线 103L 隔离开关、110kV 母联 1001 隔离开关、110kVⅠ段母线 TV、110kV 东莲线 103 汇控柜、110kV 母联 100 汇控柜	110kV 莲坂变电站 110kV 东莲线 103 断路器、110kV 母联 100 断路器、1 号主变压器 1011 隔离开关、110kV Ⅰ段母线 TV1004-Ⅰ隔离开关、110kV 东莲线 1031 隔离开关、110kV 东莲线 1032 隔离开关、110kV 东莲线 103L 隔离开关、110kV 母联 1001 隔离开关、110kV Ⅰ段母线 TV 大修
110kV 莲坂变电站 1 号主变压器保护屏[21P]上的 1 号主变压器高后备保护装置、110kV 备自投及电压切换屏[2P]上的 110kV 备用电源自投装置	

4．计划工作时间：自××年×月×日×时×分至××年×月×日×时×分

5．安全措施：

电气接线图或必要时可附页绘图说明：

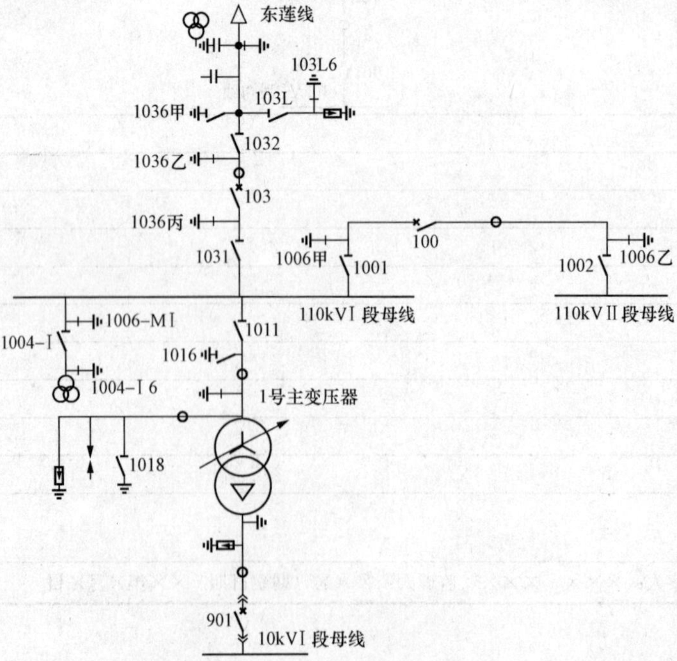

许可前由工作许可人会同工作负责人到现场逐项检查核对后在已执行栏打√。

序号	应断开的断路器、隔离开关，应取下的熔丝，应解除的继电保护连接片等（包括填写前已断开、取下、解除的）注明编号	已执行
1	断开103断路器	
2	断开103断路器控制电源空气断路器	
3	断开103断路器储能电源空气断路器	
4	断开100断路器	
5	断开100断路器控制电源空气断路器	
6	断开100断路器储能电源空气断路器	
7	断开901断路器	
8	断开901断路器控制电源空气断路器	
9	将901手车断路器拉至试验位置	
10	断开1032隔离开关	
11	断开1032隔离开关控制电源空气断路器	
12	断开1031隔离开关	
13	断开1031隔离开关控制电源空气断路器	
14	断开103L隔离开关	
15	断开103L隔离开关控制电源空气断路器	
16	断开1002隔离开关	
17	断开1002隔离开关控制电源空气断路器	
18	断开1001隔离开关	
19	断开1001隔离开关控制电源空气断路器	
20	断开1011隔离开关	
21	断开1011隔离开关控制电源空气断路器	
22	断开1018中性点接地隔离开关	
23	断开1004-Ⅰ隔离开关	
24	断开1004-Ⅰ隔离开关控制电源空气断路器	
25	断开110kVⅠ段母线TV二次空气断路器	
26	取下110kVⅠ段母线TV开口三角熔丝	
27	断开103线路TV低压二次空气断路器	
序号	应装接地线、应合接地刀闸（注明接地线具体位置，并留出空位由许可人注明接地线编号）	已执行
1	合上1036乙接地刀闸	
2	合上1036丙接地刀闸	
3	合上103L6接地刀闸	
4	合上1006-MⅠ接地刀闸	
5	合上1004-Ⅰ6接地刀闸	
6	合上1006甲接地刀闸	
7	合上1006乙接地刀闸	
8	在110kV半莲线103GIS出线套管处装设一组　　　　接地线	

表（续）

序号	应装接地线、应合接地刀闸（注明接地线具体位置，并留出空位由许可人注明接地线编号）	已执行
9	在1号主变压器高压侧与1011GIS出线套管之间装设一组　　　接地线	

序号	应设遮栏、应挂标示牌、防止二次回路误碰的措施	已执行
1	在100、103断路器操作机构及汇控柜操作把手上各挂一“禁止合闸，有人工作”标示牌，将100、103断路器控制方式由“远方”切换至“就地”，并各挂一“禁止合闸，有人工作”标示牌	
2	在901断路器柜中柜门上挂一“禁止合闸，有人工作”标示牌，将901断路器控制方式由“远方”切换至“就地”，并挂一“禁止合闸，有人工作”标示牌	
3	在1032刀闸操作机构及汇控柜操作把手上各挂一“禁止合闸，线路有人工作”标示牌	
4	在1031、103L、1004-Ⅰ、1011、1002、1001隔离开关操作机构及汇控柜操作把手上各挂一“禁止合闸，有人工作”标示牌	
5	在1018中性点接地刀闸上挂一“禁止合闸，有人工作”标示牌	
6	在110kV东莲线103断路器、110kV母联100断路器、1号主变压器1011隔离开关、110kVⅠ段母线TV1004-Ⅰ隔离开关、110kV东莲线1031隔离开关、110kV东莲线1032隔离开关、110kV东莲线103L隔离开关、110kV母联1001隔离开关、110kVⅠ段母线TV、110kV东莲线103汇控柜、110kV母联100汇控柜上各挂一“在此工作”标示牌，在其四周设遮栏，上挂适量“止步，高压危险”标示牌（面朝检修设备），并在遮栏出入口处挂一“从此进出”标示牌	
7	在1号主变压器保护屏[21P]上的1号主变压器高后备保护装置、110kV备自投及电压； 切换屏[2P]上的110kV备用电源自投装置上各挂一“在此工作”标示牌，在同屏其他装置及相邻屏挂“运行中”标示牌	

工作地点保留带电部分（或注意事项） 签发人或工作负责人填写	补充工作地点保留带电部分和安全措施 许可人填写
110kVⅡ段母线在运行中	
110kV母联1002隔离开关靠Ⅱ段母线侧在运行中	
110kV东莲线103间隔相邻单元在运行中	
1号主变压器保护屏[21P]上的1号主变压器高后备保护装置、110kV备自投及电压切换屏[2P]上的110kV备用电源自投装置同屏其他装置及相邻屏在运行中	

二次工作安全措施票（票号）：__×××__

工作票签发人签名：__×××__ 签发日期：××年×月×日×时×分

收到工作票时间：____年____月____日____时____分 值班人员签名：________

6．确认本工作票1～5项

许可开始工作时间：____年____月____日____时____分

工作许可人签名：__________ 工作负责人签名：__________

7．工作人员变动：

增添人员姓名	日	时	分	工作负责人签名	离去人员姓名	日	时	分	工作负责人签名

8．工作负责人变动：

原工作负责人______________离去、变更______________为工作负责人，

变动时间：_____年___月___日___时___分　　　工作票签发人签名：____________

9. 工作票延期：有效期延长到：__________年____月____日____时____分，

工作负责人签名：________　　值长或值班负责人签名：________

10. 每日开工和收工时间（使用一天的工作票不必填写）

收工时间				工作负责人	工作许可人	开工时间				工作许可人	工作负责人
月	日	时	分			月	日	时	分		

11. 工作结束：设备及安全措施已恢复至开工前状态，现场已清理完毕，工作班人员已全部撤离。全部工作于_______年___月___日___时___分结束。

工作负责人签名：________　　工作许可人签名：________

12. 工作票终结：临时遮栏、标示牌已拆除，常设遮栏已恢复。接地线编号____________________等共___组、接地刀闸（小车）共____副（台）未拆除或拉开，已汇报调度。

工作许可（当值）人签名：_________时间________年____月____日____时___分

13. 备注：

（1）检修工作中允许试分合的设备：

允许试分合的设备	解锁执行人	解锁时间	操作人	监护人	操作设备时间
		日　时　分			日　时　分
		日　时　分			日　时　分
		日　时　分			日　时　分
		日　时　分			日　时　分

（2）工作负责人指定专职监护人：

第一组______　负责监护______________________________________。

第二组______　负责监护______________________________________。

第三组______　负责监护______________________________________。

（3）其他补充安全措施：____

____

（4）其他事项：____

____

14. 交任务、交安全措施确认：我对工作负责人布置的工作任务及安全措施已明白无误，所有安全措施已能确保我的工作安全。

工作班人员签名：____

____

15. 评价情况：经检查本票为________票，存在____________________________

____问题，已向________指出。

检查人：__________________

_____年____月____日

附　录　A

气体绝缘金属封闭开关设备（120-SFMT-320）基本参数

附表 A-1　气体绝缘金属封闭开关设备（120-SFMT-320）基本参数

序号	项　目	数　据	备注
1	标称电压	110/66kV	
2	额定电压	126/72.5kV	
3	额定频率	50Hz	
4	额定电流	2000/3150A	
5	额定短路开断电流	31.5；40kA	
6	额定短时耐受电流	31.5；40kA	
7	额定短路持续时间	3s	
8	额定峰值耐受电流	80；100 kV	
9	额定雷电冲击耐受电压		
	断路器　（对地/断口）	550，650kV	
	隔离开关（对地/断口）	550，650/630，750 kV	
10	额定一分钟工频耐受电压		
	断路器（对地/断口）	230，275 kV	
	隔离开关（对地/断口）	230，275/265，315 kV	
11	SF_6气体额定压力：（20℃）		
	断路器	0.5MPa	
	其他气室	0.4MPa	
12	操作机构的额定压力	1.5MPa（气动机构）	
13	操作机构的电机额定电压	DC 110，220V　AC 110，220V（电动/弹簧机构）	
14	辅助回路和控制回路的额定电压	DC 110，220V　AC 220，380V	
15	辅助和控制回路设备 1min 工频耐受电压	1kV	

附　录　B

螺栓及螺母紧固力矩对照表

附表 B-1　螺栓及螺母紧固力矩对照表　　单位：N·m

紧固件规格	强　度　等　级			
	4.8	5.6	8.8	10.9
M3	0.6±0.1	0.7±0.1	1.4±0.1	—
M3.5	1±0.1	1±0.1	2±0.2	—

表 **B-1**（续）

紧固件规格	强度等级			
	4.8	5.6	8.8	10.9
M4	1.4±0.1	1.5±0.1	3±0.3	—
M5	3±0.2	3±0.3	6±0.5	—
M6	5.1±0.4	6±0.5	8±1	12±2
M8	—	12±2	20±2	30±3
M10	—	25±3	40±4	60±6
M12	—	40±4	70±7	100±10
M16	—	100±10	170±20	250±25
M20	—	±	340±30	500±50
M24	—	±	600±60	800±80
>M24	根据图纸要求			

注 未提供力矩强度的规格不推荐使用。

附 录 C
110kV 气体绝缘金属封闭开关设备试验项目及操作标准

附表 C-1 110kV 气体绝缘金属封闭开关设备试验项目及操作标准

√	序号	试验项目	试验方法	安全措施及注意事项	试验标准
	1	回路电阻测量	1．采用直流压降法，测试电流≥100A。 2．使用回路电阻测试仪测试，测量时，电流线夹在接线板的外端，电压线夹在接线板的内端	1．接线时应做好防止高空坠落措施。 2．高压试验前，应与其他班负责人互相协调，试验时应有专人监护，在进行高压试验后应对试品充分放电。 3．试验过程应有专人监护并呼唱，当出现异常情况时，应立即停止试验，断开电源，查明原因后，方可继续试验。 4．注意回路电阻值比对，测试点必须一致	根据厂家要求
	2	分、合闸线圈、电机电阻测试	使用万用表进行测量	试验前应确认断路器控制电源已断开，机构能量已释放	根据厂家要求
	3	主回路绝缘电阻测试	1．应进行相间/相对地及断口的绝缘电阻测量。使用电压不小于 2500V 绝缘电阻表进行测试。 2．断路器处于合闸位置进行相间/相对地的测量，在进行相间测量时，应将非被试项接地。将断路器处于分闸状态，断口的一端短路接地，另一端进行绝缘电阻的测试	1．接线时应做好防止高空坠落措施。 2．测试完应充分放电。 3．试验过程应有专人监护并呼唱，防止其他人员误入试验区域。 4．注意绝缘电阻表转速应不低于 120r/min	主回路合闸对地电阻≥2000MΩ

附表 C-1（续）

√	序号	试验项目	试 验 方 法	安全措施及注意事项	试 验 标 准
	4	辅助回路绝缘电阻测试	使用电压为1000V绝缘电阻表进行测试	1．试验前应确认断路器控制电源已断开。 2．试验过程应有专人监护并呼唱，防止其他人员误入试验区域。 3．测试完需充分放电。 4．注意绝缘电阻表转速应不低于120r/min	辅助回路对地、电动机线圈对地电阻≥2MΩ
	5	合、分闸电磁铁的动作电压	采用可调式直流操作电源。将电压加至规定值，启动仪器，操作断路器	1．测试时，应防止串入站内运行直流系统。 2．测试过程应防止机械伤人。 3．核对试验接线准确无误。 4．试验过程应有专人监护并呼唱，当出现异常情况时，应立即停止试验，将电压归零，断开电源，查明原因后，方可继续试验	1．合闸电磁铁在电源等于或小于66V时不应动作，在额定电源电压为176～242V范围内应可靠动作。 2．分闸电磁铁在电源等于或小于66V时不应动作，在额定电源电压为143～242V范围内应可靠动作
	6	机械特性试验	断路器一侧断口及测试仪N端应良好接地。 将三相断口的信号接入到仪器的时间通道，用仪器上的直流电源串联在断路器的分、合闸控制回路，操作仪器测量三相的分、合闸时间、同期，合-分时间。 在断路器的传动杆上安装位移传感器用导线将信号接入仪器的速度测量通道，用仪器上的直流电源串联在断路器的分、合闸控制回路，操作仪器测量速度及行程曲线	1．测试过程应防止机械伤人。 2．测试时，应防止串入站内运行直流系统。 3．应检查控制回路接线。 4．试验过程应有专人监护并呼唱，当出现异常情况时，应立即停止试验	根据厂家要求
	7	SF_6气体微水、纯度检测	使用SF_6微水仪及SF_6纯度仪进行检测。将气体缓慢充进仪器，5min后查验结果	1．试验过程时应操作人员应正确穿戴SF_6气体防护服、乳胶手套及防护面罩等劳保用品。 2．工作时应尽量站在上风口，不宜站在电缆沟等低洼地带	断路器气室≤150μL/L 其他气室≤300μL/L SF_6气体纯度≥95%
	8	1min工频耐压测量（kV）	1．应进行相间/相对地及断口的工频耐压试验。 2．断路器处于合闸位置进行相间/相对地的工频耐压试验，在进行相间工频耐压试验时，应将非被试项接地；进行断口工频耐压试验时，将断路器处于分闸状态，断口的一端短路接地，另一端施加工频耐压值	1．试验过程应有专人监护并呼唱，防止其他人员误入试验区域。 2．测试完应充分放电。 3．检查试验接线正确无误。 4．试验过程中，当出现异常情况时，应立即停止试验，防止击穿。 5．接线时应注意将高压引线与地及周边的物体保持一定的安全距离	老练电压：在73kV相电压下保持5min；在126 kV线电压下保持3min；工频耐压：184 kV/1min

附表 C-1（续）

√	序号	试验项目	试验方法	安全措施及注意事项	试验标准
	9	特高频局部放电测试	1．现场电磁波背景测量：将特高频传感器放置离 GIS 设备 1m 外进行全频段扫描。 2．单频扫描：选择背景值最小的某一频率对测试点进行测量，如信号出现连续大幅值的脉冲或持续上升信号，则有可能存在局部放电。 3．频谱扫描：在某些特殊频率范围或全频段出现与背景不同的脉冲，则有可能存在局部放电。 4．时域测量：将特高频传感器输出接至示波器，根据脉冲信号出现的相位、大小及单位时间内出现的脉冲个数，可判断是否存在局部放电	1．适用于非金属法兰绝缘盆子或带有金属屏蔽的绝缘盆子可利用浇注开口进行检测。 2．采用两个及以上特高频传感器对 GIS 不同点进行同时测量，记录测点间距离和各传感器测得信号时差，可以计算出放电点位置。 3．测量图谱与典型放电图谱进行对比，判断被检测设备是否存在局部放电现象	无明显放电波形
	10	超声波局部放电测试	1．设定仪器的试验参数（信号源、外施电压频率值、放大倍数、触发电平）。 2．背景测量：将声发射传感器固定在 GIS 基座上，持续观察一段时间并记录背景信号情况。 3．信号谱测：在 GIS 外壳上均匀布置测试点，最大间距不超过 3m，跨过盆式绝缘子或伸缩节增加一个测点，水平放置 GIS 的测点应选择在中下部。 4．将声传感器平稳放置在 GIS 外壳上，测量中尽量避免拌动和其他干扰。 5．信号详测：如有发现异常信号，需对异常点进行持续信号测量，增加异常点周围的测量，并调整设备的参数，记录信号强度、波形、相位分布及环境条件等，确定信号的最强点	在测试中应避免外界环境干扰，测试属于应与原始数据进行比对	无明显放电波形

思考与练习答案

1．答：GIS 大修修前需认真查阅设备安装、检修记录、设备运行记录、故障情况记录、缺陷情况记录和局放测试结果等资料，并进行详细、全面的调查分析，根据设备状态评价结果判定组合电器的综合状况，为现场具体的检修方案制定打好基础。同时准备好设备使用说明书、记录本、检修报告等资料。工作负责人应根据设备的实际情况、现场平面布置情况、周边环境情况等内容编制相应的施工三措方案和标准化作业指导书。在开工前必须预先按要求准备检修工具（包括专用工具）、机具、材料、备品备件、试验仪器和仪表等，并运至检修现场。仪器仪表、工器具应试验合格，满足此次施工的要求，材料应齐全。项目工作负责人应组织施工人员进行施工三措方案和标准化作业指导书学习，理解工作任务、工序及质量标准、危险点及安全措施要求。

2．答：（1）由于断路器气室内 SF_6 气体压力的选定要满足灭弧和绝缘两方面的要求，而其他一次元件的气室内 SF_6 气体压力只考虑绝缘性能方面的要求，两种气室的 SF_6 气压不同，所以不能连为一体。

（2）断路器气室内的 SF_6 气体在电弧高温作用下可能分解出多种有腐蚀性和毒性的物质，为避免气室之间的污染，故在结构上须分为不同气室。

（3）一旦断路器气室需检修，只需打开断路器气室，而不会影响到其他气室，因而可缩小检修范围。

3．答：GIS 大修前试验项目有：

（1）各气室补气、漏气情况（可参考历史 SF_6 补气记录）。

（2）各气室水份测量。

（3）主回路电阻测量。

（4）机械特性测量。

（5）电流互感器、电压互感器伏安特性测量。

（6）工频耐压试验。

（7）局部放电测量（结合工频耐压试验或带电测试）。

（8）避雷器性能测量（带电测试）。